독자의 1초를 아껴주는 정성!

세상이 아무리 바쁘게 돌아가더라도
책까지 아무렇게나 빨리 만들 수는 없습니다.
인스턴트 식품 같은 책보다는
오래 익힌 술이나 장맛이 밴 책을 만들고 싶습니다.

땀 흘리며 일하는 당신을 위해
한 권 한 권 마음을 다해 만들겠습니다.
마지막 페이지에서 만날 새로운 당신을 위해
더 나은 길을 준비하겠습니다.

독자의 1초를 아껴주는
정성을 만나보십시오.

미리 책을 읽고 따라해 본 2만 베타테스터 여러분과
무따기 체험단, 길벗스쿨 엄마 기획단,
시나공 평가단, 토익 배틀, 대학생 기자단까지!

믿을 수 있는 책을 함께 만들어주신 독자 여러분께 감사드립니다.

홈페이지의 '독자광장'에 오시면
책을 함께 만들 수 있습니다.

(주)도서출판 길벗 www.gilbut.co.kr
길벗이지톡 www.eztok.co.kr
길벗스쿨 www.gilbutschool.co.kr

경 매 승 부 사 들

경매 승부사들

초판 1쇄 발행 · 2018년 6월 15일
초판 5쇄 발행 · 2021년 7월 1일

지은이 · 정충진
발행인 · 이종원
발행처 · (주)도서출판 길벗
출판사 등록일 · 1990년 12월 24일
주소 · 서울시 마포구 월드컵로 10길 56(서교동)
대표전화 · 02)332-0931 | **팩스** · 02)322-0586
홈페이지 · www.gilbut.co.kr | **이메일** · gilbut@gilbut.co.kr

기획 및 책임편집 · 이지현 (lee@gilbut.co.kr) | **디자인** · 배진웅
영업마케팅 · 정경원 | **웹마케팅** · 이정, 김진영 | **제작** · 이준호, 손일순, 이진혁 | **영업관리** · 김명자
독자지원 · 송혜란, 정은주

교정교열 · 김혜영 | **전산편집** · 예다움 | **CTP 출력 및 인쇄** · 북토리 | **제본** · 예림바인딩

- 잘못된 책은 구입한 서점에서 바꿔 드립니다.
- 이 책에 실린 모든 내용, 디자인, 이미지, 편집 구성의 저작권은 (주)도서출판 길벗과 지은이에게 있습니다.
  허락 없이 복제하거나 다른 매체에 옮겨 실을 수 없습니다.

ISBN 979-11-6050-487-3 13320
(길벗 도서번호 070376)

정가 15,000원

···

독자의 1초까지 아껴주는 정성 길벗출판사

(주)도서출판 길벗 | IT실용, IT/일반 수험서, 경제경영, 취미실용, 인문교양(더퀘스트) www.gilbut.co.kr
길벗이지톡 | 어학단행본, 어학수험서 www.gilbut.co.kr
길벗스쿨 | 국어학습, 수학학습, 어린이교양, 주니어 어학학습, 교과서 www.gilbutschool.co.kr

페이스북 · www.facebook.com/gilbutzigy | 트위터 · www.twitter.com/gilbutzigy

경매 승부사들

정충진 지음

길벗

행복한 부자를 꿈꾸는 이들에게

요즘 우리 머릿속 생각의 추는 희망보다 절망 쪽으로 기울어 있는 것 같다. 나아지지 않는 실물경기와 연일 떠들썩한 국제관계 그리고 해결될 줄 모르는 청년실업과 쌓여가는 사회문제로 세상도 어둡고 우리 마음도 어둡다.

하지만 부동산에 사이클이 있듯 우리 인생에도 끊임없이 희비가 교차한다. 어려운 시기를 견뎌낸 뒤 찾아오는 행복감은 더 큰 법이다. 이제, 행복한 부자라는 희망을 품어보자. 행복한 부자! 어감만으로도 왠지 설레는 말이다. 단지 꿈꾸는 것만으로도 지친 일상에 위안이 된다.

그러나 꿈은 꾸는 것이 아니라 이루는 것이라고 했던가! 행복한 부자로 가는 첫걸음은 타성에 젖은 일상으로부터 벗어나는 것이다. 아무것도 아닌 그 일에 얼마나 큰 용기가 필요한지 모른다. 가만히 생각해보니 열정이 있으면 용기가 생겨나고, 용기가 생기면 실행이 뒤따른다는 걸 깨닫게 된다. 그러니 열정을 지녔다면 행복한 부자가 될 수 있다는 것, 이 또한 우리가 반드시 깨달아야 할 명제다.

이 책에는 믿기 어려울 만큼 높은 수익을 일군 다양한 실전 경매 사례들을 담았다. 여러분에게 경매의 매력을 한껏 일깨워 주고, 경매의 꽃이라고 할 수 있는 특수물건의 다채로운 수익모델도 아낌없이 제시해줄 것이다.

책에 나오는 모든 사례는 필자 혹은 필자의 지인들이 낙찰받아 직접 해결한 것들이고, 그 내용에 한 치의 과장도 덧붙이지 않았다. 오히려 경매에 대해 지나친 환상을 심어줄까봐 경매의 전설이라 불릴 만한 몇몇 사례들은 일부러 넣지 않았다(언젠간 그 사례들도 세상에 나오길 바란다).

필자는 여러분이 이 책을 통해 잡다한 경매의 기술만을 배우기를 원치 않는다. 이 책이 마음속에 잠자고 있던 열정을 일깨워주기를, 삶에 지친 이들에게 작은 희망의 씨앗이 되어주기를, 미래가 암울한 이들에게 희망을 꿈꿀 수 있는 도구가 되어주기를 부디 소망한다.

한 명의 낙오자도 없이 여러분들 모두 행복한 부자가 되었으면 좋겠다. 행복한 부자가 많아진다니 이 얼마나 설레는 일인가!

알려주고 싶은 것은 참으로 많은데, 재능과 성품의 한계로 늘 그만큼의 아쉬움이 남는다. 힘들고 지칠 때 내가 혼자가 아님을 알게 해준 아내와 우리 아이 그리고 일일이 열거하기 벅차지만, 필자가 마음속으로 소중히 여기는 분들에게 감사하는 마음을 담아 이 책을 드린다.

정충진

프롤로그 | 행복한 부자를 꿈꾸는 이들에게   004

제1장   우리, 행복한 부자가 되어봅시다   012

01 왜 부자가 되려 하는가?   014

02 그래서, 왜 경매인가?   018

03 특수물건 경매, 그 빛나는 매혹   022

04 누구나 경매의 전설이 될 수 있다   025

05 소망은 품되 헛된 야망은 버려라   028

| 이기는 경매 전략 | 경매인들이 꼭 명심해야 할 투자 십계명   031

제2장 경매로 2년 안에 3억 만들기　036

01 두근두근, 3억 프로젝트의 시작　038
02 경매에는 늘 변수가 존재한다　041
03 프로젝트 시작 1년, 집 3채와 월세가 생겼다　045
04 경매로 부자 되는 나만의 방법 만들기　050
　| 이기는 경매 전략 | 초보라면 권리분석 이렇게 하세요!　052
　| 경매의 전설 또 다른 이야기 | 소액 부동산투자의 진화　058

제3장 확실하게 수익내는 승부사 전략　060

실전사례 1　최소의 자금으로 경매투자한다 - 무피투자의 법칙　062
실전사례 2　대지권 없음과 확정판결 있는 유치권, 깨지 못할 철벽 아니다　069
　| 경매의 전설 또 다른 이야기 | 소멸시효의 법리를 파고들어 승소하다　077
실전사례 3　4,000만원에 낙찰받고 1억 5,000만원에 전세 놓다　081

| 실전사례 4 | 법정지상권과 선순위 가등기 물건, 알고 보면 흙 속의 진주 | 088 |

| 실전사례 5 | 위장임차인, 또 하나의 블루오션 | 094 |

| 이기는 경매 전략 | 낙찰 후 매각만이 전부가 아니다 | 100 |

| 실전사례 6 | 위장임차인 찾기, 임장과 상상력의 중요성 | 104 |

| 경매의 전설 또 다른 이야기 | 낙찰보다 낙찰 후의 리폼이 더 중요하다 | 110 |

| 이기는 경매 전략 | 무상임대차각서 맹신은 금물, 그렇다고 불신도 금물 | 113 |

| 실전사례 7 | 종잣돈 없이 경매하는 방법 | 122 |

| 이기는 경매 전략 | 잘못 낙찰받은 물건의 입찰보증금, 어떻게 되찾을 수 있을까? | 128 |

| 실전사례 8 | 선순위 가등기 물건, 최소 자금으로 최대 수익을! | 133 |

| 실전사례 9 | 특수물건과 부실채권투자가 만나면 세금이 사라진다! | 139 |

| 실전사례 10 | 결코 지지 않는 경매전략 | 144 |

| 이기는 경매 전략 | 특수물건에 대한 오해와 진실 | 149 |

| 실전사례 11 | 대세 상승기의 경매입찰전략 | 152 |

| 경매의 전설 또 다른 이야기 | 투자방법 다양화 & 투자대상 다변화로 수익률을 극대화하라! | 156 |

| 실전사례 12 | 재건축아파트의 조합유치권, 정말 해결 불가능일까? | 157 |

| 실전사례 13 | 금리인상은 경매인을 설레게 한다 | 162 |

| 이기는 경매 전략 | 경매투자, 다양한 대출상품 활용으로 수익을 높일 수 있다 | 167 |

| 실전사례 14 | 규제 속에서도 빛나는 대박 물건 찾기 | 170 |

| 경매의 전설 또 다른 이야기 | 잘못 낙찰받았다면, 매각불허가신청을 적극 활용하자 | 175 |

| 실전사례 15 | 잊고 지냈던 공매 물건에서 뜻밖의 수익이! | 177 |

| 경매의 전설 또 다른 이야기 | 공부상 기재와 현황상 표시가 다른 물건 | 185 |

실전사례 16	12억원에서 42억원으로! 토(土)생역전 이야기	188
이기는 경매 전략	부동산 정책 변동기, 정부정책에 맞서지 마라!	194
실전사례 17	선순위 가등기 있는 주택, 반값에 낙찰받다	197
실전사례 18	토지지분으로 1년 만에 4억 5,000만원이 손안에!	202
실전사례 19	유치권자와 임차인이 한 집에 산다고?	206
실전사례 20	5,000만원으로 빌라 3채를 낙찰받다	212

실전투자자를 위한 특별한 선물
앞으로 2년, 부동산 전망과 경매투자전략

222

01 향후 부동산시장 전망	224
02 단기 유망 투자지역	233
03 향후 부동산 시장 트렌드 변화	238
04 정책변동기의 경매투자전략	243

에필로그 | 우리는 단지 부자가 아니라 행복한 부자를 꿈꾸는 사람들이다   249

당신은
어떤 경매를
하고 있나요?

경매가
돈이 된다는
소문을 듣고
책을 편 당신

경매 초심자라도 걱정 마세요. 경매로 돈 버는 방법이 이렇게 다양하다는 것만 알아도 남들보다 더 빨리 똑똑하게 공부할 수 있습니다. 1장과 2장에서 충분히 경매의 매력을 느낀 뒤 고수들의 전략을 훔쳐보세요.

▶ 적은 금액으로도 충분히 돈을 불릴 수 있는 경매의 매력부터 만끽하세요!

입찰에는
고수지만
낙찰에는
하수인 당신

턱없이 높은 낙찰가에 낙담한 것만 몇 번째라고요? 누구나 할 수 있는 편한 물건, 왕초보도 도전할 수 있는 쉬운 물건만 입찰했기 때문입니다. 그런 물건들은 누구나 알아봅니다. 이제, 나만 알아볼 수 있는 특별한 물건을 골라보세요. 3장에서 고수들의 지혜와 문제해결법을 배운다면, 당신도 낙찰의 기쁨과 함께 더 큰 수익을 누릴 수 있습니다.

▶ 나만의 특별한 물건을 찾아내는 법, 고수들의 경험을 통해 배워보세요!

실전투자에서
더 큰 수익을
내고 싶은
당신

이미 여러 번 낙찰을 받아본 당신은 더 큰 수익에 도전하고 싶을 거예요. 3장에 나온 고수익 경매전략을 꼼꼼하게 살펴본다면 위장임차인, 선순위 임차권, 유치권 등 해결 불가능해 보이는 문제들에 대해 명쾌한 해답을 얻을 수 있습니다. 또한 4장에서는 읽고 나서 바로 실전투자를 해도 좋을 만큼 앞으로 2년간의 부동산 인사이트를 얻을 수 있습니다.

▶ 각종 문제를 해결하는 방법과 법리적인 해석을 꼼꼼히 배워 고수익을 누리세요!

제1장

우리, 행복한 부자가 되어봅시다

대한민국에 살면서 부동산을 모를 순 없습니다. 마찬가지로, 부동산을 알면서 경매를 모른다는 것은 어불성설! 경매를 할 때는 실력이 첫 번째이지만 마음가짐 또한 아주 중요합니다. 무모하게 덤비거나 조급해해서는 안 되고, 지나치게 소심하게 굴거나 겁먹어서도 안 됩니다. 이번 장에서는 경매로 부의 목표를 이루는 법 그리고 행복한 부자에 한 걸음 다가서는 방법을 이야기합니다. 내가 가진 목표를 구체화하고, 어떻게 경매를 실천해나갈지 점검하는 기회가 될 것입니다.

왜 부자가 되려 하는가?

부자의 기회는 늘 있었다

왜 부자가 되려는지 명확한 이유가 없다면 부자가 될 수 없다. 목적 없는 열정은 오래가지 않기 때문이다.

그렇다면 왜 부자가 되려고 하는지 구체적인 이유를 한번 떠올려 보자. 떠오르지 않는다면 억지로라도 만들어보자. 이유가 분명하면 행동도 자연스레 뒤따르게 마련이다. 일단 행동을 시작했다면 절반은 성공한 셈이다.

돌이켜보면 행복한 부자가 될 기회는 늘 있었다. 미처 준비가 되지 않은 탓에 우리 눈에 보이지 않았을 뿐이다. 그러니 준비가 안 된 스스로를 탓할지언정 누군가를 원망할 일은 아니다.

지금, 조용히 눈을 감고 스스로 물어보자.

'나는 행복한 부자가 될 준비가 되어 있는가?'
'기회가 눈앞에 나타난다면 온 힘을 다해 움켜쥘 자세를 갖췄는가?'
마음속에 긍정적인 답이 떠오른다면 이제 한 발짝 더 내딛어보자.

부자의 첫걸음을 경매로 시작하는 당신은 행운아다

부자가 되기 위해 당신은 무엇을 해왔고 앞으로 무엇을 할 것인가? 허리띠 졸라매며 저축을 할 것인가, 아니면 창업을 할 것인가? 그도 아니면 몸과 마음의 수고를 감수하며 투잡을 할 것인가? 주위를 둘러봐도 만만한 것은 없어 보인다. 리스크 없이 즐기면서 안정적인 수익을 가져다줄 뭔가가 필요한데, 도무지 답을 찾기가 어렵다.

고민 끝에 주식이든 부동산이든 뭐라도 해야겠다고 결심하고 이 책을 집어든 당신은 행운아다. 이 책을 읽기만 하면 부자가 될 수 있다고 말하려는 것은 아니다. 부자로 가는 첫걸음을 경매와 함께 시작했다는 것이 얼마나 큰 행운인지 일깨워주고 싶을 뿐이다.

부동산 투자 중에서 경매만큼 정직하고 안전하며 보람을 안겨주는 재테크 수단을 필자는 아직까지 경험하지 못했다. 그간 저축은 물론 주식이며 펀드며 다 해봤지만 수익이 미미하거나 수익 발생 자체가 불확실했다.

그러나 경매투자는 달랐다. 경기가 장기침체의 늪에 빠져있을 때도 작지 않은 수익을 낼 수 있었고, 경기가 호황일 때는 그에 비례해서 더욱더 큰 수익을 낼 수 있었다. 그야말로 공부한 만큼, 노력한 만큼 결실로 돌아오는 정직한 시장이 바로 경매였다.

용기 있는 자가 좋은 집을 차지한다

10여년 전 경매를 처음 시작할 때는 필자 역시 기본적인 경매용어도, 절차도 모르는 초보 중의 초보였다. 사건사고를 많이 접하는 변호사였음에도 경매에 대한 거부감은 기본이요, 마음 한 켠에 두려움마저 품었던 게 사실이다.

당시 필자의 삶을 돌아보면 희망 없고 무기력한 일상의 연속이었다. 사건을 처리하다가 우연히 경매를 알게 되었고 그 매력에 빠져 공부를 시작했다. 마치 평생의 연인을 만난 듯 시간 가는 줄 모르고 공부에 매진했다.

석 달여에 걸쳐 약 50권이 넘는 책을 탐독했던 것 같다. 경매 책뿐만 아니라 부동산 전반에 관한 책, 세금이나 인테리어에 관한 책 등 경매투자와 관련된 모든 종류의 책들을 쌓아놓고 읽었다. 그러다 보니 부동산의 흐름을 보는 시각이 생겼고, 기존에 없던 경매투자의 새로운 수익모델까지 발굴해 낼 수 있었다. 그러고는 곧바로 실전투자에 뛰어들었다.

초보단계에서 실전투자자는 많은 시행착오를 겪게 마련이다. 필자 역시 고생을 거듭하고 나서야 수익을 손에 쥐었고, 그제야 비로소 경매투자의 매력을 만끽할 수 있었다.

경매 역시 목적이 재테크인 만큼 수익이 무엇보다 중요하다. 그러나 경매공부를 하면서 뜨거운 열정과 설렘을 느낄 수 있었던 것, 덕분에 공부하는 동안 힘들기는커녕 행복하기까지 했던 것은 필자가 경험한 경매의 또 다른 묘미다.

단언컨대, 배우며 행복을 느끼고 그 배움을 실천하면서 부자가 될 수 있다. 이것이야말로 경매투자가 지닌 독보적인 매력이 아닐까 싶다.

그래서, 왜 경매인가?

경매는 정직하다

경매는 부동산 하나를 두고 여러 명이 경쟁하며 그중에서 최고가격을 써낸 사람이 낙찰받아 수익을 챙기는 무한경쟁 구조다. 따라서 경매의 절차와 기본적인 룰 그리고 숨은 수익모델까지 모두 안다면 경쟁에서 승리할 가능성이 현저히 높아진다.

경매시장은 부지런히 발품을 팔고 꾸준히 공부하며 용기 있게 실행하는 사람이 결국 성공하는 곳이다. 그래서 행복한 부자의 꿈을 이룰 수 있는 정직한 시장이기도 하다. 돈은 없지만 열정 하나만큼은 단연 최고라고 자부한다면 실력을 키워 배팅해볼 만한 곳이 바로 경매시장이다.

경매는 안전하다

주식투자는 제아무리 책 수십권을 섭렵하고, 기업 회계장부를 철저히 분석하는 능력을 키운들 확실한 수익을 보장하지 못한다. 시장참여자들이 통제할 수 없는 외생 변수가 너무 많기 때문이다. 주식시장에 늘 상존하는 것이 바로 원금손실의 리스크다.

그러나 경매투자는 이와 반대로 결코 실패하지 않는 재테크다. 급매보다 싸게 실물(實物)을 매입하기 때문이다.

경매는 기본적인 규칙만 준수하면 구조상 원금상실 가능성이 제로에 가까운 아주 안전한 시장이다. 시장참여자들이 조급한 마음에 권리분석에 소홀하거나, 욕심에 휘둘려 시장가치보다 높게 입찰가를 쓰는 경우에는 가끔 손실이 발생하기도 한다. 그러나 그런 경우는 경매시장에서 지극히 예외적이다. 아주 드물게 발생하는 사례들을 두고 경매가 안전하지 않다며 성급하게 진단할 필요는 없지 않을까?

경매는 공정한 국가기관인 법원의 중개를 통해 법령으로 정한 절차에 따라 부동산을 사고파는 행위다. 따라서 태생적으로 안전이 담보된다. 안전하지 않다면 시장참여자가 있을 리 없다. 참여자가 없어 경매시장이 무너지면 채권자들은 빌려준 돈을 회수하지 못하고, 결국 자본주의 경제질서의 근간이 흔들리게 된다.

거창하게 얘기했지만, 이런 이유들로 경매는 안전할 수밖에 없다는 사실을 다시 한번 강조하고 싶다.

경매는 불황일 때 더 유망하다

누구나 알고 있듯이 불황기에는 수익을 낼 만한 재테크 수단을 마땅히 찾기 어렵다. 그러나 경매시장은 불황기에 더 빛을 발한다. 불황의 여파로 매물은 늘어나고 입찰참여자는 줄어들어 별다른 경쟁 없이 저가에 우량매물을 사들일 수 있기 때문이다.

경매시장은 정책 혼돈기에도 유망하다. 시장을 관망하려는 욕구가 늘면 입찰참여자들이 줄어들고 경쟁률이 낮아지는 만큼 수익률이 높아지기 때문이다. 호황기에는 더할 나위 없는 고수익을, 불황기에도 여전히 안정적인 수익을 얻을 수 있는 곳은 경매시장이 유일하다.

경매를 하면 행복해진다

앞에서 잠깐 언급했지만 경매의 또 다른 묘미는 공부하면서, 실전투자를 하면서 인생의 깊이를 다질 수 있고 나아가 행복을 느낄 수 있다는 것이다.

경매는 얼핏 보면 법원의 중개를 통해 단순히 부동산을 사고파는 일의 반복 같아 보인다. 하지만 실상은 사람과 사람 사이의 관계를 정리하고 회복하는 일의 연속이다. 임장하며 주변을 탐문하고, 공인중개사에게 정보를 얻고, 집주인과 임차인을 대상으로 명도를 진행하고, 매수인을 찾아 수익을 얻기까지 경매의 전 과정은 인간관계의 연속이요, 인생의 축소판이다.

이렇게 사람들과 부딪히다 보면 자신이 더욱더 단단해지는 것을 느끼게 된다. 어느 땐가는 '누구나 감당하기 힘든 삶의 무게 하나쯤은 짊어지고 살아가는구나' 하고 느끼는 순간도 찾아온다. 그렇게 타인에게 위안받고 다시 이를 베풀다보면 경매를 하는 동안 어느새 마음의 키가 훌쩍 성장했음을 깨닫는다.

이런 경험 하나하나를 성장하기 위한 밑거름으로 오롯이 활용해보자. 경매투자가 단지 부자가 되기 위한 수단이 아니라 행복한 인생을 가꿀 수 있는 기회임을 알게 될 것이다.

진정한 경매인들은 언제나 꿈을 꾼다. 그래서 늘 행복하다.

특수물건 경매, 그 빛나는 매혹

경매의 본질은 경쟁이다

앞서 말했듯이 경매는 태생적으로 타인과 경쟁하는 구조다. 따라서 경쟁에서 살아남을 확률을 높이려면 자신만의 경쟁력을 계발할 필요가 있다.

부동산 가치를 알아보는 능력, 부동산 가치를 높이는 능력, 부동산 자체를 싸게 사는 능력과 비싸게 파는 능력 등 다양한 능력을 계발하여 자신만의 무기로 특화해야 한다. 무엇보다도 경매에서 경쟁력을 높이는 가장 좋은 방법은 꾸준한 공부로 경매지식을 한 단계 업그레이드하는 것이다.

여기 경매지식을 한 단계 올려줄 좋은 물건이 있어 소개한다. 바로 '특수물건'이다. 가치는 지극히 양호한데 법적인 문제가 있어 여러

번 유찰을 거듭하는 물건을 경매인들은 특수물건이라 부른다. 헐값에 낙찰받을 수 있으니, 법적인 문제만 정리할 수 있다면 일반물건에 비해 수익률이 현저히 높은 것이 특수물건의 매력이다. 권리분석상 난이도가 높은 물건은 몇 번이고 유찰되는데 전략만 잘 짜면 경쟁 없이 거의 단독으로 낙찰받을 수도 있다.

쉬운 예로 대항력 있는 임차인이 일부만 배당받는 경매매물을 가정해보자. 이 경우 낙찰자는 대항력 있는 임차인의 보증금을 인수해야 한다.

이때 경매 하수는 보증금을 떠안고도 손해 안 보는 선에서 입찰하여 소소한 수익을 내려는 자세로 접근한다. 중수는 배당이론에 따르면 임차인이 일부라도 배당받는다는 사실을 알고 있으므로, 이 이론을 모르는 사람을 제치고 중간 정도의 수익을 얻으려는 생각으로 접근한다. 고수는 여기서 한발 더 나아가 전입일자와 확정일자 간에 시간적 간격이 벌어진 데 의문을 품는다. 그리고 이 사건의 임차인이 위장임차인일 수 있으니 심도 있게 조사하여 큰 수익을 내보자는 시각으로 접근한다. 이처럼 공부를 얼마나 했느냐에 따라 똑같은 매물을 보더라도 고수와 하수 간에는 극명한 시각차가 생긴다. 당연히 매물의 수익률도 극적으로 출렁인다.

법적인 하자가 없는 일반물건에는 하루가 다르게 많은 사람들이 몰린다. 그러나 조금만 시각을 바꾸면, 몇 번이고 유찰을 거듭한 특수물건을 거의 단독으로 낙찰받을 수 있다. 이때 내재된 리스크를 철저히 통제하고 안전하게 입찰해야 하는 것은 두말할 필요가 없다.

경매에서 가장 중요한 것은 열정과 용기다

　뒤늦게 경매공부를 시작했다고 해서 기회가 없으리라는 법은 없다. 경매시장은 누가 더 오래 머물렀는가가 아니라 열정과 용기 그리고 꾸준함으로 승패가 갈리는 곳이기 때문이다.

　특수물건 경매로 성공하려면 실력도 성격도 마음가짐도 특별해야 한다. 고수익에 현혹되어 함부로 덤벼들었다가는 예상치 못한 불상사가 발생할 수도 있고, 장기간 겪어야 하는 스트레스 또한 만만치 않기 때문이다.

　이 책은 특수물건이 가진 기회, 문제해결의 실마리를 찾는 법 그리고 특수물건 하나하나에 통용되는 정형화된 툴(tool)을 밝히고 있다. 이것만 제대로 익힌다면 특수물건 경매가 생각만큼 어렵지 않다는 사실을 깨닫게 될 것이다.

누구나 경매의 전설이 될 수 있다

모든 이야기는 실화다

이 책에 등장하는 사례들의 수익률은 사실이라고 믿기 어려울 만큼 대단하다. 시세의 20%에 낙찰받은 아파트, 은행이자의 30~40배가 넘는 임대 수익을 안겨준 물건, 투자금 몇백만원으로 억 단위의 수익을 일궈낸 사례 등 경이로운 것들이 많다. 그러다보니 경매를 처음 접하는 사람이 보면 현실감이 없다고 느낄 수도 있다.

그러나 이 책의 모든 사례는 한 치의 가감 없는 실화다. 사례의 주인공 중에는 경매공부를 석 달밖에 하지 않은 초보도 있고, 오랜 기간 패찰만 거듭하다가 첫 낙찰을 특수물건으로 받은 사람도 있다. 거의가 여러분과 같은 평범한 직장인이요, 돈은 없지만 열정 하나만큼은 최고라고 자부하는 사람들이다. 물론 결정적인 순간에는 필자가 법적인 자문을 해주었지만 특수물건에 도전한 용기, 수익을 손에 쥐기까지 지난한 과정을 견뎌낸 의연함은 전적으로 그들의 몫이었다.

특수물건 공부는 하루아침에 할 수 있는 게 아니다

내집마련을 원하는 초보자라면 난이도 낮은 특수물건에 접근하여 급매 시세보다 10% 이상 저렴하게 보금자리를 마련할 수 있다. 중수 이상의 투자자라면 특수물건에서 투자금 이상의 돈을 회수하면서도 매달 월급 이상의 현금흐름을 창출해낼 수 있다.

다만, 특수물건 공부는 하루아침에 마칠 수 없다는 점을 꼭 명심해야 한다. 꾸준히 공부해 특수물건의 다양한 수익모델을 섭렵하고, 내재된 리스크를 온전히 통제하는 방법을 배워야 한다. 특수물건은 태생적으로 법적인 분쟁이 예고된 물건이다. 그런 만큼 소송절차나 수행기술, 비용이나 해결기간 등의 지식도 알아둘 필요가 있다. 그리고 무엇보다도 해결기간 내내 발생하는 스트레스를 의연히 감내할 수 있는 인내와 용기를 갖춰야 한다. 이 또한 하루아침에 만들어지는 것이 아님을 기억하자.

처음부터 무리하게 자금 규모가 큰 특수물건에 도전하지 말고 소액의 종잣돈으로 차근차근 단계를 밟으며 경험을 축적하자. 어느 날 문득 특수물건에 대한 두려움이 사라지고 그 매력을 한껏 만끽할 순간이 선물처럼 찾아올 것이다.

예를 들어 특수물건의 유형 중 하나인 토지지분 경매는 한 달 월급 수준인 몇백만원으로도 시작할 수 있다. 작은 금액으로 시작하는 만큼 수익의 총액은 크지 않지만, 수익률로 환산하면 스스로도 놀랄 만한 성과를 첫 입찰에서부터 일궈낼 수도 있는 것이다. 이렇게 얻은 경험과 자신감은 앞으로 당신의 긴 투자여정에 든든한 버팀목이 되어줄 것이다.

물건마다 각기 내재된 리스크를 파악하라

이제 특수물건은 어렵고, 위험하고, 오래 걸린다는 선입견을 버리자. 각각의 특수물건 유형에 따라 철저히 리스크를 통제하고 체계화된 해법을 체화할 수 있다면, 일반물건보다 짧은 기간 내에 쉽고도 안전하게 알찬 수익을 낼 수 있다는 사실을 명심하자.

다시 한번 강조하지만, 당신도 이 책에 나오는 전설적인 경매사례의 주인공이 될 수 있다. 필요한 건 분명한 목표와 열정 그리고 용기다.

소망은 품되
헛된 야망은 버려라

다시, 제대로 배우자

　시중에 나와 있는 경매 책들 대부분이 종잣돈 얼마로 얼마를 벌었다, 단기간에 몇억을 벌었다는 식의 내용을 다루고 있다. 일반적인 재테크 수단으로 3년 안에 10억원을 번다는 건 언감생심 꿈에서나 가능한 일이다. 그런데 경매 책 저자들이 하나같이 500만원으로 몇 년 안에 100억원도 벌 수 있다고 하니, 이런 달콤한 환상으로 사기충천한 입문자들은 치열하게 공부에 매진한다.

　열심히 준비한 끝에 드디어 실전! 한껏 부풀어오른 자신감과 결연한 각오로 무장한 채 당당하게 법원에 들어선다. 그러나 입추의 여지없이 꽉 들어찬 경매법정의 열기에 곧 기가 꺾이고, 턱없이 높은 낙찰가에 좌절감마저 느낀다. 연이어 고배를 마시다보면 3년 안에 경매로 10억원이 아니라 1억원이라도 벌 수 있을까 하는 회의가 밀려든다. 평범한 경매 입문자라면 보편적으로 거치는 과정이다. 어쩌면 이는 남의 성공담을 너무 들어서 자기도 모르게 기대치가 높아진 탓일지 모른다.

자신의 능력범위를 넘는 목표치를 설정하면 시간이 지날수록 사기가 꺾이고 경매에 재미를 잃게 된다. 그러니 다른 사람의 성공담과 수익률은 참고만 하고 내게 맞는 목표를 세우는 게 첫 번째다.

목표를 이룬 뒤에는 떠나라!

경매 책 저자들이 실제로 미미한 종잣돈으로 큰 수익을 일궈냈는지 아닌지는 중요하지 않다. 독자들이 가슴 뛰는 무언가를 느끼고 '나도 할 수 있다'는 자신감을 얻었다면 그것만으로도 책의 값어치는 충분하니 말이다.

그러나 딱 거기까지다. 경매 고수들의 가슴 벅찬 무용담은 잠자던 의지를 일깨우고, 흔들림 없이 한 길로 매진할 수 있도록 이끌어주는 이정표로서 역할을 다했다고 생각하자. 설령 자신의 투자 목표를 달성하지 못했다 하더라도 경매공부를 하며 생생한 재테크 방법과 원리를 접하고, 일상생활에서 반드시 필요한 부동산 지식을 체득했으니 충분히 의미있었다고 생각하자.

목표를 너무 높이 잡아 계획이 좌절되면 마음은 더욱 조급해진다. 번번이 실패할 때마다 좌절의 강도도 더욱 세질 수밖에 없다. 경매인들이 가장 금기시해야 할 것이 바로 조급증이다. 스스로 '나는 평범하게 살아왔고 평범한 능력을 가진 사람'이라고 생각한다면, 경매 책에 등장하는 현란한 문구에 너무 현혹되지 말고 자기 수준에 맞는 적정한 목표를 설정해 투자하길 바란다.

더불어 지나치게 원론적인 이야기인 것 같아 피하고 싶지만, 돈이 인생의 전부가 아님을 반드시 되새겨볼 필요가 있다. 재정적인 압박 없이 자신이 원하는 일을 하며 살 수 있는 금액, 그것이 1억원이든 10억원이든 달성하면 미련 없이 손 털고 경매계를 떠나겠다는 생각도 한 번쯤은 꼭 해보길 바란다. 돈만을 좇으며 소중한 인생을 허비하기에는 세상에 하고 싶은 일이, 꼭 해봐야 할 일들이 너무도 많으니 말이다.

이기는경매전략

경매인들이 꼭 명심해야 할 투자 십계명

1. 성공의 비결은 처음도 열정이고 그 끝 또한 열정이다

경매에서 성공하기 위한 비결은 뛰어난 머리도, 넘치는 종잣돈도 아니다. 필요한 건 단지 타성에 젖은 일상을 벗어나 행복한 부자가 되기를 꿈꾸는 단호한 용기다. 그 기반이 되는 것이 바로 열정이고 이를 바탕으로 투자를 즐기는 사람이 성공한다. 행복한 부자가 되기 위한 첫걸음은 내 안에 잠자고 있는 열정을 흔연히 일깨우는 일이다.

2. 꿈은 꾸는 것이 아니라 이루는 것이다

꿈 없는 인생처럼 무기력한 삶도 없다. 꿈꾸는 것만으로도 생활에 활력이 솟고 삶에 윤기가 돈다. 꿈 없는 세상에서 꿈을 꾸는 것만으로도 이미 절반은 성공한 셈이다. 그러나 꿈꾸는 것만으로는 행복한 부자가 될 수 없다. 꿈은 꾸는 것이 아니라 이루는 것이니까. 행복한 부자가 되기로 마음먹었다면 용기 있게 실행하라. 막연한 꿈을 세세하게 구체화하라. 목표를 구체화하면 행동이 뒤따른다. 행동을 시작했다면 꿈의 절반은 이미 이룬 것이다.

3. 권리분석의 기본은 매각물건명세서다

권리분석은 말소기준권리를 외우고 절차를 암기하는 것이 아니다. 법원에서 제공하는 매각물건명세서를 믿고 신뢰하는 작업이 바로 권리분석이다. 매각물건명세서에 인수할 권리가 없다고 기재되어 있으면 그게 전부이고, 대항력 있는 임차인이 없다고 기재되어 있으면 그걸로 끝이다. 그 이상 모른다면 입찰하지 않으면 그만이다. 매각물건명세서를 꼼꼼히 훑어보는 것이 권리분석의 처음이자 마지막임을 명심하자.

4. 열정을 유지하는 비결은 바로 첫 낙찰이다

열정은 오래가지 않는다. 경매에서 식어가는 열정을 되살리는 가장 큰 원동력은 낙찰이다. 낙찰의 기쁨은 다른 무엇보다 오래가고 열정의 기반이 된다. 첫 낙찰의 수익목표가 2,000만원이라면 과감히 절반으로 줄여라. 금전적 순수익을 낮춰잡고 그 대신 소중한 경험을 순수익으로 계상하자. 그러면 첫 낙찰의 기쁨을 생각보다 빨리 맛볼 수 있을 것이다.

5. 현장조사, 효율적으로 임장하라

요즘은 인터넷상에도 정확한 자료와 정보가 넘쳐난다. 항공사진이나 현장지도를 보면 입지와 향, 역세권, 학세권 여부 등을 전부 체크할 수 있다. 로드뷰로 건물의 외관과 장단점을 파악할 수도 있다. 뿐만 아니라 네이버 매물을 통해 현재 시세를 짐작할 수 있고, 국민

은행 사이트 정보를 살펴보고 과거시세의 흐름을 분석할 수도 있다.

현장조사가 어렵다며 일찍 포기하는 경매 초보자가 많다. 그러나 이제 현장조사의 부담에서 벗어나라. 사람들을 대면하지 않고도 인터넷으로 입찰에 필요한 정보를 90% 이상 얻을 수 있다(현장에 가보지 않고 응찰해도 된다는 말이 아니다. 시간이 부족하다면 인터넷을 적극 활용하여 효율적으로 임장하라는 말이다).

6. 명도가 어렵다는 부담을 떨쳐버려라

사람은 저마다 장기가 있고 재주가 다르다. 차분히 앉아 권리분석하는 걸 즐기는 사람이 있는가 하면, 현장에 나가 정보수집하는 것이 체질인 사람이 있다. 명도가 죽기보다 싫은 사람이 있는가 하면, 사람들을 만나 설득하고 다독여서 결국 자기편으로 만드는 데 보람을 느끼는 사람도 있다. 명도는 경매의 일부지만 반드시 본인이 직접 해야 하는 건 아니다. 인터넷 카페나 동호회에서 만난 네트워크를 잘 활용하여 도움을 받거나, 정 안 되면 수수료를 주고 전문가에게 맡기면 된다.

7. 절대 조급해하지 마라

공부가 길어지고 패찰이 잦아지면 조급해진다. 이런 조급증이 실수를 유발하고 경매사고를 부른다. 서너 번 이상 연속으로 패찰하는 것은 시장이 과열된 탓도 아니요, 본인이 운이 없어서도 아니다. 욕심이 과하거나 두려움을 벗어나지 못했기 때문이다. 수익률을 너무 높게 잡아 패찰이 잦은 건 아닌지, 사람들이 몰리는 인기매물에만 집착하지는 않는지 합리적으로 반성해보자. 세상의 모든 물건은 마음만 먹으면 100% 다 낙찰받을 수 있다는 자신감을 갖자. 곧 생애 첫 낙찰의 꿈같은 순간이 찾아올 것이다.

8. 특수물건의 경우 차근차근 단계를 밟아라

특수물건은 수익성이 좋은 반면에 원금이 장기간 묶이고 스트레스가 많다는 단점이 있다. 어떨 때는 일반물건의 수익률이 더 좋을 때도 있다. 특수물건이 빛을 발하는 시기는 매물은 많고 경쟁은 적은 침체기다. 부동산 흐름을 판단하고 가치를 분석하는 공부에 집중하며 일반물건부터 차근차근 단계를 밟아 올라가라. 경험을 쌓다보면 스트레스 없이 특수물건의 장점만을 즐길 날이 분명히 찾아올 것이다.

9. 평생의 멘토나 동료를 만들어라

요즘은 인터넷 카페도 많고 스터디 모임 같은 동호회도 많다. 거기서 도움을 받을 수 있는 든든한 멘토를 만나거나 평생 함께할 수 있는 동반자를 만들자. 혼자 가면 빨리 갈 수 있지만 외롭고 고단한 여정이 되기 쉽다. 함께 가면 비록 더디 가지만 서로 격려하고 응원하며 더 멀리 갈 수 있다. 필요할 때 서로 도움을 주고받으며 함께 간다면 즐기면서 멀리 갈 수 있을 것이다. 필자가 카페지기로 있는 카페에서도 그간 좋은 동료를 만나 오래도록 즐겁게 경매하는 이들을 많이 보았다.

10. 과감히 떠날 준비를 하라

사람마다 경매를 시작하는 이유는 제각각이다. 이유야 어떻든 원하는 목표를 일정 부분 달성하면 경매계를 떠나겠다는 다부진 각오도 미리 해두자. 돈만을 좇기에는 시간이 너무 아깝지 않은가?

제2장

경매로 *2년 안에 3억 만들기*

이번 장은 초보자를 위한 선물입니다. 경매로 실질적인 수익을 내는 기본 방법을 알려주고, 실제 수익률은 물론 자금 활용방법도 참고할 수 있도록 소개합니다. 특히 투자금이 작고 경매 경험이 많지 않다면 이번 장이 큰 도움이 될 것입니다. 최소한의 자금으로 마음껏 즐기며 더 다양하고 짜릿하게 경매를 하기 위해 준비해봅시다.

두근두근,
3억 프로젝트의 시작

진짜로 3,000만원을 3억으로 만들 수 있을까?

어느 날 문득 이런 의문이 들었다. 작은 종잣돈으로 경매를 통해 단기간에 3억원이라는 거액을 만들어낼 수 있을까? 그동안 견고히 쌓아온 경험과 축적한 노하우를 기반으로 한다면 충분히 달성할 수 있으리라는 판단이 섰다.

망설임 없이 곧바로 움직였다. 일명 '3억 프로젝트'의 시작이었다. 평범한 사람이 주인공이 되어 최소한의 종잣돈 3,000만원으로 2년 안에 3억원을 만들어낸다는 계획이었다.

필자가 카페지기로 있는 '부동산재테크의 모든 것, 행꿈사' 카페에 공지를 올렸더니 수많은 사람이 지원했다. 그중에서 3억 프로젝트의 취지에 걸맞게 무주택 서민 가운데 후보자들을 뽑아 3차까지

미션을 거쳤다. 그리고 마지막으로 면접을 통해 3억 프로젝트에 적합한 열정과 인성을 지닌 후보 한 명을 최종 선발했다. 평범한 주부였던 당선자는 그동안 모아놓은 돈에 남편 명의의 신용대출금을 보태 종잣돈 3,000만원을 어렵사리 마련했다.

3,000만원을 일단 1억원으로만 불려놓으면 3억원으로 만들기는 어렵지 않을 거라고 생각했다. 그런데 3억 프로젝트의 첫 번째 난관은 종잣돈이 너무 적다는 데서 찾아왔다. 3,000만원으로 낙찰받을 수 있는 물건이 많지 않았고, 혹여 어렵사리 물건을 찾아냈다고 해도 경쟁률이 너무 높았다.

그래서 우선은 돈에 맞춰 빌라를 낙찰받기로 했다. 신중히 물건을 고르다가 드디어 첫 낙찰을 받았다. 인천에 있는 아담한 빌라였다. 권리분석에 아무 문제가 없어 초보자도 도전할 만한 물건이었다.

3억 프로젝트를 처음 시작할 당시 부동산 경기는 장기침체의 끝자락이었다. 그렇다보니 낙찰 후 곧바로 매각해 순자산을 불리는 방법이 가장 일반적이지만 쉽지 않았다.

결국 전세가보다 최대한 낮은 가격에 낙찰받고 전세를 놓아 투자금을 회수하거나, 대출을 최대로 받은 뒤 월세를 놓고 이자를 충당하면서 약간의 월세 수익을 얻는 방법을 선택하기로 했다. 매각은 어려웠지만 전세가율은 하루가 다르게 상승하던 시기였다. 투자금만 조기에 회수한다면 묶이는 자금 없이 투자를 계속할 수 있고, 전세보증금이 투자금을 웃돈다면 종잣돈이 증액되는 효과까지 있었다.

이런 방법으로 순자산을 늘려가다가 3억 프로젝트 막바지에 위장임차인이나 허위 유치권이 신고된 복잡한 특수물건을 하나 낙찰받아 수익 점프를 시도하기로 했다. 계획대로만 된다면 순자산 3억 달성은 어렵지 않게 달성할 수 있으리라는 판단이었다.

투자금도 회수하고 자산도 늘린 첫 수확

감정가 1억 4,500만원에 시세가 1억 3,000만원 정도인 물건을 3명의 경쟁자를 물리치고 87,897,000원에 낙찰받는 데 성공했다.

대출받아 잔금을 낸 뒤 곧바로 명도절차에 돌입했다. 행복한 투자를 즐기는 것이 목적이었던 3억 프로젝트 주인공은 평균 이상의 이사비를 제시하며 원만히 합의를 이끌어냈다.

명도 후에는 곧바로 소소한 인테리어 공사에 들어갔다. 비용 절감을 위해 3억 프로젝트 주인공이 청소와 인테리어 등을 직접 맡았다. 그렇게 곱게 포장해 1억원에 전세를 내놓았고, 풍부한 임차수요 덕에 곧바로 전세계약을 체결했다.

등기비용, 명도비용 등을 포함한 총 금액은 9,200만원 정도였다. 1억원에 전세를 놓았으므로 초기 투자금을 회수하고도 800만원이 추가로 생겼다. 이제 종잣돈으로 활용할 수 있는 금액이 3,800만원으로 늘어났다. 게다가 시세가 1억 3,000만원 이상 형성되고 있었으니 예상 차액만 4,000만원 이상이었다. 물론 이 시세는 낙찰 당시 기준이고, 지금은 시세가 감정가 이상으로 올라 순자산은 더욱 증가했다. 첫 수확치고는 알찬 결실이었다.

경매에는 늘
변수가 존재한다

탐나는 유치권 신고 물건, 아쉽지만 안녕

3억 프로젝트의 첫 번째 낙찰 성과는 기대 이상이었다. 생각보다 빨리 투자금을 회수한 데다 재투자할 종잣돈도 늘어났기 때문이다. 곧이어 두 번째 물건을 찾다가 3억 프로젝트의 취지에 딱 맞는 물건을 발견했다.

감정가 9,700만원에 다섯 차례 유찰을 거쳐 최저가가 1,600만원까지 내려간 물건이었다. 도심 외곽지역에 있었지만 주택재개발구역으로 지정돼 미래가치가 높고, 잘 관리해 연식도 그리 오래돼 보이지 않는 빌라였다.

문제는 거액의 유치권이 신고되어 있는 점이었다. 만약 진정한 유치권이라면 낙찰자가 신고금액을 고스란히 인수해야 한다. 유치권자가 신고한 금액은 무려 9억 3,000만원이었다. 감정가가 9,700만원에 불과한 빌라에 9억 3,000만원의 유치권이라니. 허위 유치권이라는 의심이 강하게 들었다. 그러나 이런 심증이 무색하게 유치권자는 공사대금 확정판결에 유치권이 진짜란 확정판결까지 보유하고 있었다.

> 확정판결이 있으면 기판력이라는 제도 때문에 다시 소송을 제기하기 어렵다. 설령 재소가 가능하다 해도 확정판결의 사실적 구속력 때문에 판결을 뒤집기가 쉽지 않은 것이 재판실무다.

대법원에 판결문 제공을 신청해서 확인한 결과, 유치권자는 이 사건 경매대상 빌라의 한 호수만 리모델링 공사를 한 것이 아니라 빌라 전체 신축공사에 관여한 공사업자였다. 해당 호수 외에도 다수의 호실을 점유한 채 유치권을 행사하고 있었다.

하지만 꼼꼼히 살펴보니 소멸시효상에 빈틈이 있어 유치권이 성립하지 않는다는 것을 파악할 수 있었다. 채권이 시효로 소멸하면 유치권도 함께 소멸하기 때문이다. 워낙 분명한 사안이었기에 명도소송까지 갈 필요 없이 약식절차인 인도명령으로 간단히 명도를 끝낼 수도 있겠다는 판단이 들었다.

약 2,000만원에 낙찰받아 3개월 안에 명도를 끝내고 9,000만원 정도에 매각하면 양도세를 고려해도 종잣돈은 크게 늘어난다. 그렇게만 되면 3억 프로젝트 달성은 의심의 여지가 없으리라는 생각에 가슴이 뛰었다. 3억 프로젝트의 성패에 중요한 갈림길이 될 멋진 물건이 선물처럼 나타난 것이다.

우리의 목적에 맞는 물건일까?

그러다가 곰곰이 다시 생각해봤다. 처음 세운 계획은 다음과 같았다. 3억 프로젝트 초반에는 일반물건 위주로 낙찰받아 투자금을 조기에 회수하고 순자산 증가에 주력하다가, 프로젝트 막바지에 수익이 큰 특수물건에 올인해 자산을 3억원까지 늘리는 것. 그런데 유치권 신고 등으로 권리관계가 복잡한 특수물건은 비록 수익은 크지만 해결 과정이 매우 어렵고 기간 또한 오래 걸린다. 이런 측면에서 이 물건은 한정된 종잣돈을 기동력 있게 운용해야 하는 3억 프로젝트의 초기에는 시기상 맞지 않았다.

게다가 이 물건의 권리분석 막바지에 결코 무시하지 못할 복병 하나를 발견했다. 유치권자가 공사대금 소송을 진행하면서 설정해 놓은 가압류가 하나 있었던 것이다. 이것이 끝끝내 문제가 되었다.

분명한 사안인 소멸시효만 쟁점으로 한다면 유치권자의 가압류 신청은 약식절차인 인도명령에서 기각될 가능성이 높았지만, 그렇게 되면 장기간 소송을 벌여 명도해야 했다. 실무진과 오랜 상의 끝에 아쉽지만 3억 프로젝트의 성격과는 맞지 않는 물건이라고 최종 판단을 내렸다. 유치권 금액이 워낙 큰 데다 확정판결까지 존재해 차후에도 몇 번 더 유찰될 것이니 그때 최저가에 입찰하자고 결정했다. 그러나 이 물건은 그 회차에 유치권자 측근으로 보이는 사람에게 단독으로 낙찰됐다. 두고두고 아쉬움이 남는 순간이었다.

이처럼 낙찰에 실패한 사례를 굳이 거론하는 이유가 있다. 제아무리 빈틈없이 꼼꼼하게 계획을 세워도 실행과정에서 예측하지 못한 돌발변수가 생겨 성패를 좌우할 결정적인 선택의 순간이 찾아오기도 한다는 것, 그 순간에 재능을 최대로 발휘해 온전히 집중하지 않는 한 두고두고 후회가 남을 수 있다는 것을 교훈으로 알려주고 싶어서다.

다시 cheer up! 좋은 물건은 늘 있다

오랜 기간 공들인 물건을 남에게 내준 허탈함은 상당했다. 그러나 좌절도 잠시, 우리는 곧바로 마음을 추스르고 다시 3억 프로젝트에 매진했고 얼마 뒤 같은 인천 지역 구월동의 입지 좋은 빌라를 낙찰받았다.

감정가가 1억 1,000만원이었는데 두 차례 유찰을 거쳐 5,300만원대까지 떨어진 빌라였다. 외관상 관리가 잘돼 보였고, 특별한 권리상 하자가 없음에도 반값까지 떨어진 터라 경쟁자가 무척 많을 것으로 예상했다. 역시나 공식적으로 집계된 입찰자가 무려 12명이었다. 과거 동종물건의 통계와 현재의 낙찰가율 등 경매정보지에 제시된 모든 자료를 토대로 예상낙찰가를 78,897,000원으로 써냈고, 2등과 단돈 9만 4,000원 차이로 우리가 낙찰받았다. 3억 프로젝트 2호 물건은 이렇듯 작지 않은 진통 끝에 짜릿한 행복감을 안겨주었다.

프로젝트 시작 1년,
집 3채와 월세가 생겼다

2번의 낙찰로 생긴 부동산 자산과 월세 22만원

대한민국 평범한 사람 누구라도 뜨거운 열정만 있다면 행복한 부자의 꿈을 이룰 수 있다는 명제를 증명하기 위해 시작한 3억 프로젝트는 예상한 항로를 크게 벗어나지 않고 순항했다.

이해를 돕기 위해 3억 프로젝트 1호와 2호 물건의 자금흐름을 한번 살펴보자.

1호 물건을 낙찰받으면서 투자금이 800만원 늘어 2호 물건에 투자할 수 있는 종잣돈이 3,800만원으로 늘었다. 투자금의 규모가 조금이라도 커진 덕에 좀 더 경쟁력 있는 물건에 응찰할 수 있게 되었다. 1호 물건의 성적을 정리해보니 1억 3,000만원 시세의 집 한 채(전세금 1억원)와 3,800만원 정도의 현금자산이 생겼음을 알 수 있었다.

1호 물건	
낙찰가	(−) 8,800만원
기타비용	(−) 400만원
투자금액	= (−) 9,200만원
전세보증금	(+) 1억원
자금회수	= (+) 800만원
시세	약 1억 3,000만원
예상차익	약 3,800만원

2호 물건	
낙찰가	(−) 7,900만원
기타비용	(−) 610만원
투자금액	= (−) 8,510만원
대출 및 월세보증금	(+) 8,300만원
자금회수	= (−) 210만원
시세	약 1억 1,500만원
예상차익	약 3,000만원
월세수입(연)	264만원

　2호 물건의 투자 결과도 정리해보자. 시세 1억 1,500만원 정도의 집(대출금 6,300만원, 보증금 2,000만원)과 월 22만원의 현금흐름이 생겼다. 월세를 놓지 않고 취득가 이상으로 전세를 들였다면 1호 물건에서 거둔 수익과 함께 현금 자산 증가액이 1억원을 훌쩍 넘을 수도 있었다. 하지만 고정적인 현금흐름 창출이 향후 투자에 여유를 줄 수 있다는 생각에 과감히 월세로 돌렸다.

　1·2호 물건의 자금흐름을 결산해보면 2개의 물건을 낙찰받아 집 두 채가 생겼고, 보너스로 매달 22만원의 월세수입까지 올리는 성과를 거뒀다. 이로써 대출금과 전세보증금을 돌려주더라도 기존 종잣돈은 유지한 채 시세차익만으로 약 7,000만원을 챙길 수 있게 되었다.

　낙찰받으면 적당히 손본 뒤 곧바로 임대해 수익을 극대화하는 것이 경매계의 실상이다. 하지만 3억 프로젝트의 주인공은 더 나은 조건으로 임대하기 위해 여기저기 수리하다보니 비용을 좀 더 지출했다. 원만한 명도를 위해 이사비 또한 평균치를 넘어서 지급하기도 했다. 주인공이 계산적으로 움직였다면 수익률 그래프는 좀 더 가파른 상승곡선을 그렸을 것이다.

그러나 3억 프로젝트의 기획 취지는 행복한 부자가 되기 위한 초석을 다지는 것! 목표한 금액의 달성보다는 취지에 충실하게 충만한 성취감을 다질 수 있었다는 점에서 이런 가외의 비용은 결코 아깝지 않은 지출이었다.

순자산을 늘리고 현금흐름을 창출하라

2호 물건을 정리한 뒤 한층 여유롭게 물건을 검색했다. 그렇게 찾아낸 3호 물건도 마찬가지로 빌라였고, 낙찰 후 조금 손본 뒤 월세를 놨다. 6,900만원에 낙찰받아 대출과 월세보증금으로 투자금 대부분을 회수하고 월세수입 30만원을 만들었다.

처음 준비한 종잣돈에서 위 3개 물건에 들어간 자금은 총 340만원뿐으로, 3억 프로젝트를 시작한 지 10개월여 만의 일이었다.

그러나 3호 물건은 투자금 대비 현금자산 증가폭이 크지 않았다. 마음이 조급해져 하루도 쉬지 않고 재빨리 4호 물건을 검색했다. 인천 구도심에 있는 작은 빌라가 눈에 띄었다. 감정가 1억 2,500만원에 한 차례 유찰을 거쳐 입찰 최저가가 8,750만원까지 낮아진 전용면적 60㎡ 이하의 소형 빌라였다.

3호 물건	
낙찰가	(-) 6,900만원
기타비용	(-) 530만원
투자금액	= (-) 7,430만원
전세보증금	(+) 6,500만원
자금회수	= (-) 930만원
시세	약 8,000만원
예상차익	약 570만원
월세수입(연)	360만원

4호 물건	
낙찰가	-
기타비용	-
투자금액	= (-) 1억 500만원
대출 및 월세보증금	(+) 1억 1,000만원
자금회수	= (+) 500만원
시세	약 1억 5,000만원
예상차익	약 4,600만원
월세수입(연)	264만원

    건축물대장과 달리 실제 빌라의 동호수가 옆집과 뒤바뀌어 있었지만 충분히 해결할 수 있는 문제였다. 1억원을 살짝 넘겨 입찰액을 써서 5명의 경쟁자를 물리치고 무난히 낙찰받았다. 3호 물건의 회수금이 1, 2호 물건만큼 크지 않아 아쉬웠던지라 이번에는 투자금 회수를 최우선 목표로 정했다.

    낙찰가에 기타비용을 포함한 취득가가 1억 500만원 정도였는데, 8,500만원은 대출받고 보증금 2,500만원, 월 45만원에 월세를 놨다. 투자금 1억 500만원에서 대출금과 보증금으로 1억 1,000만원을 회수하여 투자금이 약 500만원 늘어났다. 대출이자가 월 23만원이므로 월세수입(45만원)으로 지불하고도 월 22만원의 현금흐름이 추가로 발생했다.

    그동안의 성과를 결산해보면, 4채의 집을 시세대로 매도한다고 가정할 때 생기는 순수익만 약 1억 2,000만원에, 매달 들어오는 순

월세수입도 74만원이 생겼다. 무엇보다 수중에는 여전히 약 3,000만원의 종잣돈이 남아 있었다. '3,000만원으로 2년 만에 3억 만들기' 프로젝트를 시작한 지 딱 1년 만의 일이었다.

자산증대와 현금흐름 창출이라는 두 마리 토끼를 잡다

3억 프로젝트의 주인공은 종잣돈은 한 푼도 묶이지 않고 오히려 투자금은 늘어나 자산증대와 현금흐름 창출이라는 두 마리 토끼를 한꺼번에 잡는 데 성공했다. 앞으로 남은 기간은 1년. 앞으로 6개월 정도 이런 방식으로 투자를 반복하고, 마지막 6개월에는 차익이 큰 특수물건을 하나 낙찰받아 해결에 올인한다면 3억 달성은 충분히 가능해 보였다.

그런데 주인공의 신상에 예상치 못한 시련이 닥쳐 3억 프로젝트는 아쉽게도 결말을 보지 못한 채 막을 내려야 했다.

하지만 우리는 이 프로젝트가 실패했다고 보지 않는다. 월급만으로는 행복한 삶을 꿈꾸기 버거운 사람들에게 마음먹고 노력하면 충분히 부자의 꿈을 이룰 수 있다는 희망적인 메시지를 전달했다고 생각한다.

경매로 부자 되는 나만의 방법 만들기

자신만의 방법으로 경매하라

　종잣돈 3,000만원은 조금만 노력하면 어떻게든 마련할 수 있는 돈이다. 꾸준히 검색하고 조사하여 전세금 이하로 낙찰받을 수 있는 물건을 찾아내고, 낙찰받은 뒤 최고한도까지 대출받아 월세로 임차하면 투자금을 묶어두지 않고 얼마든지 여러 물건을 낙찰받을 수 있다. 이는 전세가격이 높고 금리가 낮은 시기에 효율적인 방법이다. 매매가 활발한 시기라면 낙찰받은 즉시 매각해 종잣돈(자산)을 늘리는 방법도 있다.

　물건을 매입하는 방식도 반드시 경매에 국한할 필요는 없다. 전세가 비율이 높은 지역에서 투자금을 최소화하는 방식으로 갭투자에 나설 수도 있다. 세금을 내지 못해 진행되는 공매나 사적인 공매절차인 신탁사 공매 등을 통해서도 부동산을 매입할 수 있다. 다만, 사전에 금리인상 등 다양한 리스크를 통제하는 방법을 공부하고 투자에 임해야 실패를 줄일 수 있음은 명심해야 한다.

이제 프로젝트의 주인공은 당신

우리가 진행했던 3억 프로젝트가 누군가에게는 1억 프로젝트, 5억 프로젝트가 될 수도 있다. 이제 종잣돈이 적어서 경매를 할 수 없는 것이 결코 아니란 사실을 잘 알게 되었을 것이다. 경매로 어떻게 자산을 불려나갈지 계획을 세우는 것이 중요하다.

다음 장에서는 색다른 방법으로 경매에 도전한 사람들의 이야기를 소개한다. 말도 안 되는 이야기 또는 나와는 상관없는 이야기라고 치부하지 말고, 3억 프로젝트의 주인공이 되었다고 상상하며 좀 더 적극적이고 열정적인 마음가짐을 가져보자.

이기는 경매 전략

초보라면
권리분석 이렇게 하세요!

일반매매와 경매투자의 과정을 한번 살펴보자.

일반매매
물건선정 → 권리분석 → 물건조사 → 매입 → 임차인 혹은 매도인과 이사협의 → 입주 혹은 임대

경매
물건검색 → 권리분석 → 임장 → 낙찰 → 임차인 혹은 전 소유자 명도 → 입주 혹은 임대

경매 매수자는 먼저 해당 아파트의 등기부등본을 열람하고 혹시라도 가압류나 근저당권 등의 제한권리가 설정되어 있는지 확인한다. 그리고 해당 아파트에 거주하는 사람이 매도인인지 임차인인지, 점유자는 어떻게 처리할 것인지 등을 필수적으로 점검하는데 이 절차가 바로 권리분석이다.

위 도표에서 볼 수 있듯 일반매매 시에도 권리분석이 필요하다. 단지 일반매매 시에는 공인중개사가 법적으로 문제없도록 알아서 해줄 거라고 믿을 뿐이다. 그러나 만에 하나라도 공인중개사가 권리분

석을 잘못해서 손해가 발생할 경우 이는 고스란히 매수인 몫이 된다. 물론 공인중개사를 상대로 손해배상을 청구할 수도 있겠지만 현실적으로 그게 어디 쉬운가. 비용 들고 시간 들고 정신적으로도 힘들다.

합리적인 투자자라면 일반매매를 할 때도 등기부상 문제는 없는지, 임차인과 관련된 문제는 없는지 정도는 반드시 점검하는 게 옳다. 결국 이런 관점에서 본다면 경매나 일반매매나 차이가 없다.

사실 권리분석 하나만 놓고 보면 일반매매보다 경매가 훨씬 더 안전하다. 정해진 법령과 절차에 따라 기존 권리들을 모두 말소하여 안전한 상태로 낙찰자에게 넘겨주는 것이 경매절차의 기본구조이고 이념이기 때문이다.

권리분석, 매각물건명세서가 다 해준다

자, 그럼 매각물건명세서로 10분 만에 권리분석 공부를 끝내보자. 경매를 진행할 때 법원에서는 안전성을 담보하기 위해 입찰 참여자들에게 '매각물건명세서'라는 것을 공지한다. 이것은 경매대상 물건에 위험요소가 있으면 알려주고 그 위험의 명세를 상세히 안내해주는 법원 서류다. 이 매각물건명세서 분석이야말로 경매공부의 시작이요, 끝이다.

다음은 법원에서 제공하는 매각물건명세서다.

입찰자가 인수해야 할 권리의 종류는 크게 등기부상 권리와 임차인 보증금의 두 종류로 나뉜다. 먼저 등기부상 권리분석부터 해보자. 기존에 배운 방법대로 한다면 먼저 등기부를 펼쳐놓고 권리들을 시

사건	2017타경**** 부동산강제경매	매각물건번호	1	담임법관 (사법보좌관)	이OO
작성일자	2017.12.18	최선순위 설정일자		2013.10.1. 근저당권	
부동산 및 감정평가액 최저매각가격의 표시	별지기재와 같음	배당요구종기		2017.05.31.	

부동산의 점유자와 점유의 권원, 점유할 수 있는 기간, 차임 또는 보증금에 관한 관계인의 진술 및 임차인이 있는 경우 배당요구 여부와 그 일자, 전입신고일자 또는 사업자등록신청일자와 확정일자의 유무와 그 일자

점유자의 성명	점유부분	정보출처 구분	점유의 권한	임대차 기간(점유기간)
김OO	전부	현황조사	주거 점유자	미상
보증금	차임	전입신고일자, 사업자등록신청일자	확정일자	배당요구여부 (배당요구일자)
0	0	2011.07.20	미상	

〈비고〉
김OO : 현황조사보고서에서 조사된 김OO은 소유자의 모친이고 임대차관계가 아니라고 진술함

※ 최선순위 설정일자보다 대항요건을 먼저 갖춘 주택.상가건물 임차인의 임차보증금은 매수인에게 인수되는 경우가 발생할 수 있고, 대항력과 우선변제권이 있는 주택,상가건물 임차인이 배당요구를 하였으나 보증금 전액에 관하여 배당을 받지 아니한 경우에는 배당받지 못한 잔액이 매수인에게 인수되게 됨을 주의하시기 바랍니다.

※ 등기된 부동산에 관한 권리 또는 가처분으로서 매각으로 그 효력이 소멸되지 아니하는 것
해당사항없음

※ 매각에 따라 설정된 것으로 보는 지상권의 개요
해당사항없음

※ 비고란

■ 매각물건명세서

간순으로 나열한다. 그런 다음 그중에서 말소기준권리를 찾아내고, 말소기준권리보다 선순위로 설정된 권리가 있는지 확인하여 인수여부를 판단한다.

그러나 이런 방식은 너무 번거롭고 어렵다. 법이 예정한 방법도 아닌 데다 사람들의 실수가 개입될 여지가 있어서 위험하기도 하다.

등기부상 권리분석에서 해야 할 유일한 작업은 매각물건명세서 중간쯤에 기재된 '등기된 부동산에 관한 권리 또는 가처분으로 매각으로 그 효력이 소멸되지 아니하는 것'이라고 쓰인 란이 비어 있는지, 채워져 있는지 확인하는 것뿐이다. 비어 있으면 등기부상 권리들은 낙찰과 동시에 전부 말소되어 낙찰자에게 깔끔하게 이전된다. 혹시라도 그 란에 선순위 가등기든 가처분이든 기재되어 있으면 그 권리는 말소가 안 되므로 조심해야 한다.

이 물건은 해당란이 비어 있으니 등기부상 권리에는 아무런 문제가 없다. 만약 당신이 이 매각물건명세서를 믿고 입찰했는데 돌연 생각지도 못한 인수권리가 등장한다면, 겁먹지 말고 '매각물건명세서 기재의 흠'을 들어 매각불허가신청을 하면 된다. 반대로 매각물건명세서에 인수해야 할 권리가 기재되어 있었는데, 입찰자 본인이 말소될 권리라고 판단하여 입찰했다면 매각불허가신청조차 할 수 없다. 법원은 모든 것을 매각물건명세서를 기준으로 판단하기 때문이다.

그러니 아무 실익도 없고 위험하기만 한 말소기준권리나 기타 권리분석 이론을 외울 시간에 경매대상물이 가치가 있는지, 수익성이 있는지 등 실제 수익에 도움이 되는 공부를 해라. 결국 수익은 권리분석이 아니라 부동산의 가치에서 판가름 나기 때문이다.

다음으로 임차인 분석을 해보자

임차인 분석이란 임차인의 보증금을 인수할 것인지 말 것인지 확인하는 작업이다. 이것도 매각물건명세서로 해결하자.

앞의 매각물건명세서 상단에는 최선순위 설정에 '2013. 10. 1. 근저당권'이라고 기재되어 있다. 등기부상 최선순위로 설정된 권리가 2013년 10월 1일에 설정된 근저당권이고 그 앞에는 아무런 제한 권리가 설정된 바 없다는 내용이다.

그런데 매각물건명세서 중간에 기재된 점유자 내역을 보니 김○○이라는 사람이 2011년 7월 20일에 전입신고를 한 뒤 거주 중이라고 기재되어 있다. 김○○이 진정한 임차인이라면 2011년 7월 20일에 전입신고하면서 입주할 때 등기부상으로는 아무런 권리도 설정되지 않았다는 말이 된다. 등기부상 최초의 권리는 2013년 10월 1일에 설정된 근저당권이기 때문이다.

그렇다면 등기부에 아무런 권리도 없으므로 안심하고 들어온 임차인의 보증금을 다른 권리보다 우선해서 보호해야 한다는 것은 쉽게 이해가 갈 것이다. 이 경우 법률에서는 임차인에게 낙찰자한테 자신의 보증금을 돌려달라고 대항할 수 있는 힘을 부여해 놓았다. 이것이 말 그대로 '대항력'이다. 매각물건명세서상 임차인의 전입신고가 최선순위 설정일자보다 빠르면 임차인에게 대항력이 있다. 이는 임차인이 낙찰자에게 보증금을 돌려달라고 주장할 수 있다는 것이므로 입찰자들은 이 사실을 잘 알아둬야 한다. 반대로 임차인의 전입신고가 최선순위 설정일자보다 늦다면 임차인은 낙찰자에게 아무런 권리를 주장할 수 없으므로 안심하고 응찰해도 된다. 임차인이 입주하기 전 먼저 등기부에 권리를 설정한 사람을 보호해야 하기 때문이다.

보통 대항력 있는 임차인의 경우 낙찰자가 인수해야 할 보증금 금액이 얼마인지 매각물건명세서에 기재되어 있는 게 일반적이다.

당해 임차인이 법원에 권리신고를 하거나 배당요구를 했을 때에야 임대차계약서가 법원에 제출되기 때문이다. 이 물건의 경우는 임차인에게 대항력이 있어 조심해야 하지만, 임차인이 법원에 아무런 서류도 제출하지 않아 보증금 액수가 얼마인지 모르는 상태다. 매각물건명세서에 보증금이 기재되어 있지 않다고 해서 보증금이 없다는 것은 아니다. 단지 확인이 안 됐을 뿐이므로 입찰자들이 따로 현장조사를 해서 보증금을 확인해야 한다.

결국 이 물건은 등기부상 권리는 낙찰과 동시에 전부 소멸되지만, 임차인의 보증금을 인수해야 하는 위험이 있으니 조심해야 한다는 결론이 나온다. 여기까지 복잡한 이론은 필요 없다. 단지 매각물건명세서를 한번 훑어보는 것만으로도 충분하다.

특수물건은 매각물건명세서에 '조심하라'고 쓰여 있다

이렇듯 경매는 원래 어렵지 않다. 경매 책이나 경매학원에서 법이 예정하지도 않은 말소기준권리 등을 만들어내서 어렵게 강의하고, 여기에 어설픈 입찰자들의 판단이 개입되면서 어려워졌을 뿐.

다만, 특수물건에는 비고란에 '조심하라' 또는 '유의하라'는 말이 쓰여 있다. 이 경우 앞서 살펴본 선순위전세권과 유치권의 두 가지 방법만으로는 파악할 수 없는 사항들이 있기 때문에 보다 세부적인 해석이 필요하다.

하지만 초보라면 앞서 말한 두 가지 방법만으로도 리스크를 통제하고 법원의 안내에 따라 안전하게 경매를 할 수 있다. 다시 한번 말하지만 이제는 경매가 어렵고 위험하다는 선입견을 버리자.

경매의 전설 또 다른 이야기

소액 부동산투자의 진화

갭투자

한때 갭(gap)투자가 유행했다. 가히 열풍이라 불릴 만큼 기세가 대단했다. 알다시피 갭투자란 매매가 대비 전세가 비율, 즉 전세가율이 높은 지역의 부동산을 전세를 끼고 매입하는 투자방식이다. 전세가 비율이 90%에 달하면 매매가의 10% 정도만 보유해도 투자가 가능하다.

한때 갭을 얼마나 좁혀서 투자했느냐를 두고 투자자들끼리 경쟁하던 시기도 있었다. 매매계약을 체결하고 잔금기일을 늦추는 방법으로 갭을 최소화하는 방식이 유행했다. 잔금기일을 늦춰 그 사이에 전세가가 상승하는 효과를 이용하는 것이다.

갭투자의 가장 큰 리스크는 전세가 한 바퀴 돌아가는 시점인 2년 후 해당 물건지에 공급이 대폭 늘어나는 것이다. 물량이 늘면 전세가가 떨어지게 마련이고 결국 보증금을 돌려주려면 투자금을 추가해야 할 위험이 있다. 이런 위험을 피하려면 국토교통부나 기타 관공서에서 제공하는 입주물량예정표를 분석하여 입주물량의 흐름을 철저히 분석해야 한다. 혹시라도 그런 경우에 처했다면 전세 만기가 도래했을 때 임차인의 마음을 잘 잡아 예전 금액으로 전세 계약을 갱신해야 할 것이다.

> 지금도 수도권 요지의 아파트들 중에는 전세가 비율이 90%를 넘어서는 곳이 있다. 지식정보타운이나 테크노밸리, 혹은 산업단지 증설 등 직주근접의 효과를 누릴 수 있는 호재나 GTX 또는 지하철 개통, 철도 복선화 등의 교통호재가 있는 지역이라면 매매가도 꾸준히 상승할 것이니 갭투자 입지로는 최적이다.

갭투자를 넘어서는 무피투자

무피투자는 경매계에서 유행하는 투자방식이다. 전세가보다 싸게 낙찰받아 투자금을 전액 회수하면서 전세를 놓는 방식도 있고, 경락잔금 대출을 85% 이상 받아 월세를 놓고 그 보증금으로 투자금을 전액 회수한 뒤 월세로 이자를 감당하는 방식도 있다. 실제로 종잣돈이 부족한 많은 경매인들이 후자의 방식으로 무피투자를 진행한다. 초저금리 시대에는 은행이자가 월세수입보다 낮고, 자기 자본 한 푼 없어도 오히려 월세와 은행이자의 차액만큼 현금흐름이 발생할 수도 있어서 경매인들이 선호하는 방식이다.

물론 이 경우에도 철저한 리스크 통제가 중요하다. 금리인상 시 월세보다 대출이자가 높아질 수 있으므로, 기준금리 인상 등의 조짐이 보이면 대출 당시 이율이 좀 비싸더라도 고정금리제도를 활용할 필요가 있다. 그리고 주거지역으로 선호도가 높은 지역이어야 든든한 임대수요로 투자금의 증액을 막을 수 있다. 직주근접호재나 교통호재가 있다면 매매가 상승의 효과를 만끽할 수 있으니 더할 나위없이 훌륭한 투자라고 할 수 있다.

최고의 경지, 플피투자

무피가 투자금이 없는 방식이라면 플피투자는 종잣돈이 오히려 플러스된다고 해서 붙은 명칭이다.

앞선 무피투자의 사례에서 신용도가 높아 대출을 90% 받고 월세 보증금을 매매가의 20%로 늘려 받으면 무피가 아니라 플피가 된다. 초과액 10%만큼 종잣돈이 불어나기 때문이다. 전세가 수준에 낙찰받고 느긋하게 명도하여 성수기 때 전세매물을 내놓으면 그동안 전세가가 상승해 플피투자를 성사시킬 수 있다. 초보들은 경매투자에서 명도를 가장 부담스러워하는데 시간적, 심리적으로 여유를 갖고 명도를 진행할 수 있어서 여러모로 유익한 방법이다.

아직 나이가 어려 늘 종잣돈이 고민인 A씨는 무피투자 혹은 플피투자 방식을 선호한다. 경매에 입문한 지 1년 정도밖에 되지 않은 초보임에도 현재 갭투자, 무피투자, 플피투자를 전부 경험했다. 경매의 세계에서 연륜은 중요하지 않다. 얼마나 분명하게 목표를 설정하고 꾸준히 공부한 뒤, 용기있게 실행에 옮기느냐가 성패를 좌우한다.

제3장

확실하게 수익내는 승부사 전략

지금부터는 진정한 승부사들의 경매전략을 살펴봅니다. 평소 도전할 엄두를 내지 못했던 특수물건의 특징을 살펴보고, 어떤 전략으로 접근하며 리스크를 관리해야 하는지 배울 수 있습니다. 모든 특수물건은 반드시 현장조사를 거치고 철저한 권리분석을 통해 리스크를 완벽히 통제해야 합니다. 변호사로서 소개하는 법적인 자문과 전략을 여러 번 읽다보면, 고수들만 공유하던 비법을 조금씩 깨닫게 될 것입니다.

최소의 자금으로 경매투자한다
- 무피투자의 법칙

과거 필자가 낙찰받았던 서울 상계동 다가구주택은 종잣돈 없이 경매를 시작하는 사람들에게 모범이 될 만한 사례다.

대상물건은 수락산 입구의 다가구주택으로 대지 132㎡(약 40평), 건물 228.33㎡(69평)인 물건이었다. 감정가는 3억 2,000만원대였는데 네 차례 유찰을 거쳐 최저가격이 감정가격 대비 41%대인 1억 3,271만원까지 떨어져 있었다.

이 물건이 유찰을 거듭한 이유는 권리가 복잡하게 얽혀 있었기 때문이다. 은행의 선순위 저당권보다 전입신고가 빨라 대항력 있어 보이는 임차인 2명이 공지돼 있었다. 대항력이 있음에도 배당요구를 하지 않아 얼마인지도 모를 임차인의 보증금을 낙찰자가 전액 떠안아야 하는 물건이었다.

소재지	(01629) 서울특별시 노원구 상계동 ■■■-1■					
	[도로명] 서울특별시 노원구 ■■■■■ 1 (상계동)					
용도	주택	채권자	국민은행	감정가		323,999,830원
지분토지	161㎡ (48.7평)	채무자	김■■	최저가	(41%)	132,710,000원
건물면적	228.33㎡ (69.07평)	소유자	김■■ 外	보증금	(10%)	13,271,000원
제시외	13.8㎡ (4.17평)	매각대상	토지지분/건물전체매각	청구금액		48,000,000원
입찰방법	기일입찰	배당종기일	2006-04-22	개시결정		2006-01-04

기일현황

회차	매각기일	최저매각금액	결과
신건	2006-07-10	323,999,830원	유찰
2차	2006-08-07	259,200,000원	유찰
3차	2006-09-04	207,360,000원	유찰
4차	2006-10-09	165,888,000원	유찰
5차	2006-12-11	132,710,000원	매각

낙찰 208,200,000원 (64%)
배당종결된 사건입니다.

설상가상으로 공사업자가 건물 리모델링 대금을 받지 못해 1층을 점유하고 1억 3,000만원의 유치권까지 신고한 상태였다. 유치권이 진짜일 경우 낙찰자가 점유를 넘겨받으려면 유치권자에게 신고된 공사대금을 지급해야 한다. 게다가 해당 토지도 건물소유자 단독 소유가 아니어서 재산권 행사에 제한이 있는 지분토지였다.

필자는 20명에 가까운 경쟁자를 물리치고 2억 800만원대에 이 물건을 낙찰받았다. 이 복잡한 물건을 낙찰받고 정리해 투자금 이상

회수하기까지 걸린 기간은 잔금 납부 후 한 달이 채 되지 않는 기간
이었다. 도대체 이 머리 아픈 물건을 왜 낙찰받았을까?
먼저 대항력 있는 임차인으로 추정되는 선순위 전입자들부터 살
펴보자.

점유자의 성명	점유부분	정보 출처 구분	점유의 권원	임대차 기간 (점유기간)	보증금	차임	전입신고일자·사업자등록 신청일자	확정일자	배당요구여부 (배당요구일자)
김OO	2층 방2칸	권리신고	임차인	2005.7.30. (2년간)	16,000,000	없음	2005.8.4	2005.12.13	2006.04.21
이OO	반지하 2칸	권리신고	임차인	2005.8.12. (1년간)	3,000,000	270,000	2004.12.6	2005.11.16	2006.04.21
한OO	반지하 2칸	권리신고	임차인	2005.8.12. (1년간)	3,000,000	270,000	2004.12.6	2005.11.16	2006.04.21
홍OO	반지하 방2칸	권리신고	임차인	2005.9.1. (2년간)	3,000,000	220,000	2004.6.14	2005.11.16	2006.04.21
황OO	2층 방2칸	권리신고	임차인	2005.7.30. (2년간)	16,000,000	없음	2005.8.4	2005.12.13	2006.04.21

〈 비고 〉

※ 최선순위 설정일자보다 대항요건을 먼저 갖춘 주택·상가건물 임차인의 임차보증금은 매수인에게 인수되는 경우가 발생
할 수 있고, 대항력과 우선변제권이 있는 주택·상가건물 임차인이 배당요구를 하였으나 보증금 전액에 관하여 배당을 받지
아니한 경우에는 배당받지 못한 잔액이 매수인에게 인수되게 됨을 주의하시기 바랍니다.

토지대장과 건축물대장 등 관련 공부(公簿)를 꼼꼼히 검토해보니,
이 사건 토지의 지번은 하나인데 소유자가 둘이었고 지상에 각 한 채
씩 건물을 갖고 있었다. 하나의 주소지에 건물이 두 채 있는 꼴이었
다. 결국 대상 물건에 전입신고한 사람들은 옆집 사람이 아닐까 추측
했다.

우편함 확인 및 이웃집 탐문 등을 통해 조사한 결과 추측이 맞았
다. 임차인으로 공지된 사람들은 옆집 사람들이었기에 낙찰자가 인
수할 보증금 따위는 애초 없었던 것이다.

토지가 공유지분으로 돼 있는 것 또한 아무런 문제가 되지 않았

다. 하나의 지번에 건물이 두 채가 올라와 있다고 해도 법적으로 재산권 행사가 제한되는 공유지분이 되는 것이 아니라, 각자 단독으로 온전하게 재산권을 행사할 수 있는 '구분소유적공유관계'가 된다는 것이 판례의 입장이다. 쉽게 말해 비록 토지가 지분등기로 되어 있어도 각자의 건물이 깔고 앉은 토지를 구분해서 소유하는 것으로 보기 때문에 재산권 행사에는 아무런 문제가 없다는 뜻이다.

마지막으로 이 물건의 최대 난제인 유치권을 살펴보자. 유치권의 성립조건은 다음과 같다.

- 유치권은 부동산, 동산 또는 유가증권 등을 목적물로 한다.
- 유치권의 목적물 자체에서 발생된 직접적으로 관련이 있는 채권이어야 하고 채권이 소멸시효로 소멸되면 유치권은 없어진다.
- 채권이 변제기에 도래하여야 한다.
- 목적물을 적법하게 점유하고 있어야 한다.
- 유치권 발생 배제 특약이 없어야 한다.
- 유치권은 경매개시결정 기입등기 이전에 성립되어야 한다.

여러 차례 사전조사를 가보니 이 사건의 유치권은 90% 이상 허위라는 판단이 들었다. 설사 10% 가능성에 발목을 잡혀 유치권이 사실로 판명된다고 해도 공사대금이 터무니없이 부풀려졌다고 생각했다. 이런 종류의 물건을 낙찰받으면 사람들은 곧바로 명도소송을 생각하지만 필자는 변호사임에도 소송을 선호하지 않는다. 소송은 살아있는 생물과도 같아서 변수가 많고 승패여부도 불분명한 데다가, 투자금이 장기간 묶여 의도치 않게 장기투자로 넘어갈 수도 있기 때문이다. 이는 필자의 투자 스타일과도 맞지 않는다.

결국 명도소송보다는 합의 쪽으로 방향을 잡았다. 당근과 채찍이 교묘히 섞인 우리 쪽 압박에 유치권자는 3,000만원에 유치권 포기각서를 써주기로 합의했다. 처음 만났을 때 원금 1억 3,000만원에 이자까지 포함해 약 2억원에 가까운 공사대금을 달라고 요구했던 것에 비교하면 꽤 전향적인 자세였다.

허위 유치권 신고는 형법상 입찰방해죄, 사기죄 등으로 처벌될 수 있다. 그리고 판례 등 이론전문가로서가 아니라 건축 공정이나 단가를 수차례 다뤄본 경험자 입장에서 볼 때, 유치권자가 실제 공사를 진행했다고 해도 공사대금을 터무니없이 부풀려 신고했음이 틀림없었다. 이를 바탕으로 상대를 적절하게 압박한 것이 주효했다.

낙찰받은 뒤에는 입찰 보증금을 제외한 잔금을 저축은행에서 전액 대출받아 대환 납부했다. 당시에는 형식적으로라도 유치권이 존재하는 듯한 외관이 있었고 신고금액도 작지 않아 다소 이율이 높더라도 저축은행을 활용할 수밖에 없었다. 그러나 지금은 유치권이 신고된 건물도 1금융권에서 대출이 가능하다. 팁을 한 가지 알려주자면 유치권을 어떻게, 얼마나 빨리 해결할 수 있는지 확실한 비전을 보여주는 것이 대출성사의 관건이다.

사전에 미리 임차인들과 협의한 대로 4세대 중 2층과 지하층 1가구를 보증금을 낮추고 월세로 재계약하면서 입찰보증금으로 냈던 돈도 얼추 찾을 수 있었다. 1층과 지하층 다른 1가구의 임차인도 곧 구했다. 이들에게서 받은 보증금이 약 6,000만원에 이르러 매각도 하기 전에 유치권 합의대금 3,000만원을 제하고도 순수익 3,000만원이 수중에 들어왔다. 또한 한 달 월세가 120만원에 은행이자가 80만원대였으니 투자와 동시에 3,000만원의 순수익과 매달 30만~40만원의 현금흐름이 발생했다. 이 모든 과정을 한 달 남짓한 기간에 마칠 수 있었다. 이 물건은 3년 동안 보유하다가 양도세 부담 없이 어느 노부부에게 4억 3,200만원에 매각했다.

  필자는 산술적 수익률 산정을 무의미하게 생각한다. 하지만 보통 사람들이 선호하는 수익률 개념으로 접근하더라도 이 물건은 투자기간이 한 달 내외로 작아 수익률을 논하는 것 자체가 무의미하다. 경매 공부를 열심히 해서 물건을 보는 혜안과 문제해결의 툴을 체득하면 이처럼 큰돈 없이도, 아니 종잣돈이 거의 없이도 알찬 수익을 일궈낼 수 있다.

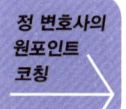
정 변호사의
원포인트
코칭

유치권이 신고된 물건은 경매계에서는 블루오션으로 통한다. 경매 초보들이 유치권 물건을 두려워하며 피해갈 때 고수들은 오히려 유치권 신고된 물건을 찾아다니며 응찰한다. 지금은 경매지식이 많이 보편화되어 유치권 해결이 쉬워보이는 물건은 거의 일반물건 수준으로 응찰자들이 몰리고 낙찰가율도 높은 편이다. 하지만 아직도 해결이 어려워보이는 유치권 물건은 반값 이하로 떨어지는 것이 다반사다.

  시중에 신고된 유치권 중 실제 법적으로 인정되는 유치권은 채

10%도 안 된다는 말은 거짓이 아니다. 필자가 그동안 수천건의 특수 물건 소송을 진행하면서 체감한 허위 유치권 비율은 오히려 더 높다.

그러나 신고된 유치권이 허위이거나 법적인 요건을 갖추지 못했다고 해서 소송에서 반드시 이길 수 있다고 장담할 수는 없다. 필자도 이런저런 정황상 허위임이 분명함에도 이를 밝혀낼 증거가 불분명하거나 충분하지 못해 소송에서 패소한 사례가 있다.

이 사례의 핵심은 유치권이 신고된 물건을 낙찰받아 안정적인 수익을 얻는 방법을 알려주는 데 있지 소송이 능사라는 것이 아니다. 장기간 소송하여 이기는 것보다 허위 유치권자를 적절하게 압박하고 적당한 금액으로 협의하여 조기에 해결하는 것이 여러 면에서 이익이다. 그래서 진정한 고수는 소송보다 협상을 선호한다.

실전사례 2

대지권 없음과 확정판결 있는 유치권, 깨지 못할 철벽 아니다

요즘 좀 괜찮다 싶은 아파트는 낙찰받기가 정말 어렵다. 조금이라도 싸게 매입할 수 있는 경매시장으로 눈을 돌리는 수요자들이 많아져 경쟁이 심화되고 고가낙찰이 속출하고 있다. 경매인들 사이에 경매 말고 급매로 사는 것이 더 싸다는 푸념까지 나올 정도다.

사정이 이렇다보니 요즘은 법적인 하자가 있는 특수물건에 관심을 갖는 경매인들이 부쩍 많아졌다.

K씨는 인천에 있는 전용면적 59㎡(18평), 분양가 1억 5,000만원짜리 신축아파트를 경매로 단돈 2,100만원에 낙찰받았다. 시세대비 15%가 채 안 되는 금액이다. 이런 일이 어떻게 가능했을까?

경매 대상 아파트는 방 3개짜리 나홀로 아파트였다. 감정가는 시세에도 현저히 못 미치는 9,000만원. 당시 시세는 부동산 침체기라 1억 3,000만~4,000만원 선에서 형성되어 있었다.

소재지	(22119) 인천광역시 남구 도화동 ███-█ ███████ 9층 901호				
	[도로명] 인천광역시 남구 주안로██ (도화동)				
용도	빌라형아파트	채권자	박██	감정가	90,000,000원
대지권	대지권 매각제외	채무자	신██	최저가	(17%) 15,126,000원
전용면적	59.964㎡ (18.14평)	소유자	오██	보증금	(10%) 1,513,000원
사건접수	2011-02-23	매각대상	건물만매각	청구금액	15,000,000원
입찰방법	기일입찰	배당종기일	2011-05-12	개시결정	2011-02-24

회차	매각기일	최저매각금액	결과
신건	2011-06-01	90,000,000원	유찰
2차	2011-07-04	63,000,000원	유찰
3차	2011-08-02	44,100,000원	유찰
4차	2011-09-01	30,870,000원	유찰
5차	2011-11-02	21,609,000원	유찰
6차	2011-12-02	15,126,000원	매각

감○구/입찰4명/낙찰21,897,000원(24%)
배당종결된 사건입니다.

그런데 시세보다 감정가격이 현저히 낮은 이유가 있었다. 바로 건물 부분만 따로 경매로 나왔기 때문이다. 단지 대지권 등기만이 없는 '대지권 미등기' 매물이 아니라 아예 '대지권 없음'이 공지된 채 진행되는 물건이었다. 대지권이 없으면 건물을 낙찰받아도 토지를 사용할 권리가 없어서 철거될 수 있고, 낙찰자가 건물 철거를 면하려면 대지지분을 토지소유자에게서 비싼 값에 사야 한다.

게다가 건물 신축에 관여한 공사업자가 공사대금을 못 받았다는 이유로 거액의 유치권을 신고한 채 해당 호수를 점유하고 있었다. 유치권 신고금액은 지연이자를 포함해 1억 5,000여만원이었다. 유치권이 진짜라면 낙찰자가 그 금액을 전액 떠안아야 한다. 더구나 해당 아파트의 전 소유자가 유치권이 허위라는 전제 아래 명도소송을 진행했으나 유치권이 성립한다는 이유로 패소판결까지 받은 물건이었다.

〈비고〉
※ 최선순위 설정일자보다 대항요건을 먼저 갖춘 주택,상가건물 임차인의 임차보증금은 매수인에게 인수되는 경우가 발생할 수 있고, 대항력과 우선 변제권이 있는 주택, 상가건물 임차인이 배당요구를 하였으나 보증금 전액에 관하여 받지 아니한 경우에는 배당받지 못한 잔액이 매수인에게 인수되게 됨을 주의하시기 바랍니다.
※ 등기된 부동산에 관한 권리 또는 가처분으로 매각허가에 의하여 그 효력이 소멸되지 아니하는 것
해당사항없음
※ 매각허가에 의하여 설정된 것으로 보는 지상권의 개요
해당사항없음
※ 비고란
유치권자 박OO로부터 공사대금 금50,356,364원에 대하여 2011.5.2.유치권신고를 함(당원 2005가합10*** 공사대금 확정판결,2006가단59***건물명도사건 확정판결)
※ 주 1 : 경매,매각목적물에서 제외되는 미등기건물 등이 있을 경우에는 그 취지를 명확히 기재한다.   2 : 최선순위 설정보다 먼저 설정된 가등기담보권, 가압류 또는 소멸되는 전세권이 있는 경우에는 그 담보 가등기, 가압류 또는 전세권 등기일자를 기재한다.

이 모든 사정이 법원에서 제공하는 매각물건명세서에 공지되어 있었다. 사정이 이렇다보니 무려 다섯 차례나 유찰돼 최저응찰가격이 15,126,000원으로 떨어져 있었다. 감정가 대비 17% 수준이었다.

K씨는 용기 있게 입찰하여 유치권자의 측근 혹은 사건의 관계자로 추정되는 3명의 경쟁자를 물리치고 21,897,000원에 이 물건을 낙찰받았다. 물론 사전에 필자에게 법적인 자문을 구했고, 유치권과 대지사용권 법리를 따져보니 충분히 승산이 있다고 판단한 뒤였다.

잔금납부 후 곧바로 유치권자를 상대로 명도소송을, 토지소유자를 상대로는 토지지분을 무상으로 이전하라는 소송을 병합해 진행했다. 유치권자가 버젓이 확정판결을 보유하고 있는 상황에서 매각물건명세서에 대지권이 없다고 분명히 공지된 물건에 무익한 소송을 제기한다고 비난하는 사람들도 있었다. 그러나 정확한 법리를 모르는 사람들의 수군거림을 뒤로하고 K씨는 의연하게 도전했다.

1심의 판사는 우리가 주장하는 논지나 법리에는 관심 없이, 어떻게든 유치권자 혹은 대지지분권자에게 일정 금액을 지급하고 협의하기만을 요구했다. 현저히 싼 값에 특수물건을 낙찰받은 뒤 소송을 제기하면 거의 어김없이 벌어지는 상황이다. 수용가능한 금액이라면 협의하고 조기에 사건을 종결할 마음도 있었다. 그러나 다행인지 불행인지, 오히려 유치권자나 대지지분권자 측에서 한 푼도 양보할 수 없다며 강경한 입장을 고수했다. 미리 받아놓은 확정판결을 과신한 것이다.

결국 판결로 갔지만 판사의 견고한 선입견을 깨지 못한 채 우리는 1심에서 패소판결을 받았다. 유치권에 이미 확정판결이 있고 대지권도 성립하지 않는다는 이유였다. 우리가 시세 대비 10%대의 헐값에 낙찰받은 것에 대한 판사의 선입견이 분명 작용했으리라.

그러나 곧 마음을 가다듬어 총력을 기울인 2심에서는 1심을 뒤집고 전부 승소했다. 가끔 1심에서는 판사의 주관이나 가치관이 개입된 판결이 나오기도 하지만, 항소심에서는 법률적 쟁점이 주가 된다. 우리는 수차례에 걸친 탐문에서 공사대금의 소멸시효로 인해 유치권자가 주장하는 유치권이 성립되지 않음을 알아냈다. 또한 일정한 요건을 갖춘 경우 전유부분(건물)의 소유자에게 대지지분을 무상으로 이전해줘야 하는 것이 법리라고 주장했다. 이렇게 분명한 논지와 근거를 갖춘 덕택에 마침내 승소할 수 있었다.

판결 내용은 '유치권자는 조건 없이 건물을 명도함과 아울러 그동안 남의 아파트를 부당하게 사용·수익하였으니 지금까지의 임료 전액 및 그에 대한 이자까지 지급하고, 토지소유자는 무상으로 대지지분에 대한 소유권이전등기 절차를 이행하라'는 내용이었다. 우리 쪽 변호사 비용을 포함한 소송비용도 패소자 부담이었다.

그동안 밀린 임료 및 이자만 해도 낙찰금액인 2,100여만원을 웃돌았다. 결국 그동안의 임료로 투자금을 전액 회수하고도 분양가 1억 5,000만원짜리 아파트 한 채가 거저 생긴 셈이었다.

한편, 소송하는 중에 8,000만원이던 이 아파트의 전세가가 1억원으로 상승했다. 전세만 놓아도 투자금의 5배에 달하는 수익을 얻게 된 것이다. 2,000여만원이라는 소액을 투자하여 1억 3,000여만원이라는 차익을 일궈냈으니 가히 경매의 전설로 불려도 손색이 없다. 무엇보다 어렵지 않게 마련할 수 있는 2,000여만원이라는 소액으로 일궈낸 수익이기에 더욱 값진 사례다.

평범한 사람들이 경매로 이렇게 기적 같은 수익을 내기란 쉽지 않다. 그렇다고 해서 전혀 불가능한 일 또한 아니라는 것을 우리는 방금 확인했다.

K씨는 비록 확정판결 있는 유치권이라도 점유 혹은 소멸시효 등

주요 성립요건에 허점이 있고, 그것을 제대로 파고들면 승소할 수 있다는 믿음을 갖고 있었다. 그리고 대지권 미등기의 경우 일정한 요건을 갖추면 그 지상건물의 철거가 불가능할 뿐만 아니라, 오히려 건물만 낙찰받아도 대지권을 무상으로 이전받을 수 있다는 법리를 꾸준히 공부해 숙지하고 있었다.

이렇듯 절실함에 기반을 둔 열정과 꾸준한 공부 그리고 확신을 갖고 실행할 용기만 있다면 누구나 뛰어난 경매인이 될 수 있다.

정 변호사의 원포인트 코칭

물건을 검색하다보면, 유치권 확정판결이 있는 물건이 재차 경매에 나오는 경우가 가끔 있다. 유치권은 그냥 신고만 되어 있어도 꺼려지는데 유치권이 존재한다는 확정판결까지 있으니, 쉽사리 입찰할 엄두를 못 내는 것이 당연하다. 그렇다보니 이런 물건은 여러 차례 유찰을 거쳐 감정가의 20~30%대까지 떨어지곤 한다.

유치권에 대한 확정판결이 있더라도 낙찰자가 다시 소송을 진행할 수 있다. 물론 판사들이 이미 심사숙고하여 내린 판결을 뒤집는 것이 쉬운 일은 아니다. 그러나 민사소송을 지배하는 변론주의 원칙상 판사는 당사자가 주장하지 않는 논지는 판단할 수 없기 때문에 전심(前審)에서 당사자가 어떤 주장을 했는가, 소송대리인의 능력이 어느 정도인가에 따라 재판 결과가 달라질 수도 있다. 결국 확정판결이 있다 해도 새로운 논지를 주장하여 뒤집을 수 있다는 얘기다.

드물지만 유치권자와 건축주가 서로 공모하여 형식적으로 소송을 제기한 뒤 유치권이 존재한다는 판결을 확정해두는 경우도 있다. 허위로 판결을 받아 다른 사람들의 입찰을 막아놓고 자신들이 헐값에 낙찰받아 수익을 취하려는 것이다. 그러니 유치권 확정판결이 있다고 해도 한번 더 들여다볼 필요가 있다.

이 사례에서 승소의 주된 근거가 됐던 논지는 바로 공사대금의 소멸시효였다. 공사대금의 소멸시효는 3년이고, 이 기간이 지나도 가압류나 소제기 등의 중단사유가 없다면 공사대금 채권은 시효가 소멸돼 더 이상 유치권을 주장할 수 없다. 기간 내에 공사업자가 공사대금 청구소송을 제기하면 소멸시효가 중단된다. 이 사건의 전심에서 전 소유자인 건축주는 같은 맥락으로 소멸시효를 주장했고, 이에 유치권자인 공사업자는 공사대금 소송을 제기해 소멸시효가 중단되었다며 항변했다. 결국 재판부가 유치권자의 항변을 받아들여 전심에서는 전 소유자가 패소했다.

그런데 당시 사건기록을 꼼꼼히 다시 분석해보니 공사대금 청구소송에서 피고가 잘못 특정되어 있었다. 공사발주자(원청업체)는 회사였는데 하청업자인 유치권자가 회사를 상대로 공사대금 청구소송을 진행한 것이 아니라 대표이사 개인을 상대로 소송을 진행했던 것이다. 이 외에도 당시 소유주인 건축주와 유치권자인 공사업자가 공모한 정황이 많았다. 갑작스레 허위로 유치권을 만들어내다보니 이런 허점이 생겼음을 알 수 있었다.

법적으로 회사와 그 회사의 대표이사는 별개의 인격체이므로 유치권자가 엉뚱한 사람을 상대로 공사대금 소송을 제기한 것이 되어 소멸시효 중단 사유는 존재하지 않게 되었다. 따라서 유치권 주장의 근거가 되는 공사대금도 시효로 소멸해버렸다.

대지권을 무상으로 취득하게 된 법리도 어렵지 않다. 아파트나 빌라 같은 집합건물의 경우는 건물철거를 막기 위해 토지와 건물이 분리처분되지 않도록 애초에 법으로 막아놓았다. 집합건물의 소유에 관한 법률 제20조4항은 이를 '토지의 지분은 건물 전유부분의 처분에 따른다'고 구체적으로 표현하고 있다. 결국 대지에 대한 감정 없이 건물만 감정평가해 경매절차를 진행해도 경매대상물이 집합건물이고 일정한 요건을 갖추면, 건물낙찰자가 대지를 무상으로 취득하는 경우가 생길 수 있는 것이다.

감정평가도 하지 않았는데 낙찰자가 대지를 무상으로 취득하는 것이 부당이득 같지만, 대법원은 법률의 규정에 의해서 취득하는 것이기 때문에 부당이득은 아니라는 취지로 판시하여 부당이득 논의를 일축했다.

이처럼 특수물건의 세계는 오묘하다. 관련된 판례와 거기서 파생된 수익모델만 알고 있으면 시세의 20~30%에도 아파트 한 채를 장만할 수 있으니 말이다.

경매의 전설 또 다른 이야기

소멸시효의 법리를 파고들어
승소하다

앞에서 나온 대지권 미등기에 유치권 확정판결까지 있는 물건이 1심에서 패소하고 항소심 계류 중일 때, A씨가 물건을 검색하다가 같은 건물의 다른 물건이 경매에 나온 걸 발견했다.

그 물건의 경매 감정가격은 앞서와 동일하게 9,000만원. 그러나 세 차례나 유찰돼 최저응찰가격이 감정가격의 34%인 3,087만원까지 떨어져 있었다. A씨는 4번째 경매절차에서 3,600만원을 써내 한 명의 경쟁자를 물리치고 이 아파트를 낙찰받았다. 낙찰가는 감정가격의 40% 수준이었다.

이처럼 저렴하게 낙찰된 것 역시 유치권 때문이었다. 그 집에 살고 있던 B씨는 공사업자로서 그 집의 신축공사에 관여했지만 공사대금을 받지 못했다. 공사업자는 대금을 못 받으면 집을 점유하면서 내주지 않을 권리가 있는데 이것이 유치권이다. 경매로 낙찰받은 사람은 공사대금을 대신 변제해야만 점유를 넘겨받을 수 있으므로 유치권에 신고된 금액을 그대로 떠안아야 한다.

그런데 유치권 금액이 너무 컸다. 원금이 5,700만원에 지연이자가 8,300만원이었다. 합해서 1억 4,000만원을 주지 않으면 그 집을 인수받지 못하니, 배(낙찰금액)보다 배꼽(유치권 주장금액)이 더 큰 모양새였다.

더구나 유치권자는 건축주인 전 소유자를 상대로 공사대금 소송을 제기하여 확정판결까지 받아둔 상태였다. 앞선 사건과 달리 그야말로 허점이라고는 찾아볼 수 없는 난이도가 매우 높은 물건이었다. 이런 물건은 경매 고수 중의 고수들만 응찰한다. 이렇게 저렇게 해법을 찾아봐도 도저히 답이 나오지 않기 때문이다.

법원 경매에서 유치권은 허위인 경우가 많다. 대략 90% 이상이 허위이거나 공사대금을 터무니없이 부풀려 신고하는 경우가 대부분이다. 채무자가 조금이라도 돈을 건지기 위해 유치권이 진짜인 것처럼 위장하는 것이다. 그러나 이 물건은 허위가 아닌 진성 유치권이었다. 낙찰가격(3,600만원)에 유치권 보상금액(1억 4,000만원)까지 합하면 모두 1억 7,600만원. 시세(9,000만원)보다 8,600만원이나 더 주고 사는 꼴이기 때문에 상식적으로는 낙찰받으면 안 되는 물건이었다.

그러나 이 물건의 사실 관계를 들여다보면, 유치권자 B씨는 단순히 이 집을 점유한 것이 아니라 8년간 가족들과 거주하면서 사용, 수익을 취해왔다. 월세를 내지 않고 집을 사용한 것

이다. 그동안의 월세를 모두 합하면 6,000만원. 유치권 원금보다 많으니 그동안의 월세로 유치권 원금을 충당할 수 있다. 물론 원금충당의 방법을 상계로 할 것인가, 공제로 할 것인가에 대한 쟁론이 있을 수 있다. 그러나 원론적으로 유치권자가 목적물에 거주하며 사용, 수익을 취한 것은 부당이득으로서 누구에게든 반환해야 한다는 데는 재론의 여지가 없다.

자, 원금은 그렇더라도 8,300만원에 달하는 지연이자는 어떻게 처리해야 할까? 이 또한 방법이 없지는 않다. 점유를 넘겨받기 전까지는 낙찰자에게 공사대금 지급을 거절할 권능, 즉 동시이행의 항변권이 있어서 지연이자를 물을 필요가 없다는 대법원 판례가 있는데 이를 이 사례에 적용해볼 만하다.

A씨가 이 물건을 낙찰받은 뒤 필자를 찾아왔다. 유치권자가 진성인 정황이 너무 많아 인도명령만으로는 해결이 어려워 고민이라고 했다.

필자가 관련 자료들을 꼼꼼히 분석해본 결과, 앞선 살핀 논지 외에도 유치권 자체에 내재한 치명적인 허점 하나를 발견해냈고 곧바로 법원에 인도명령을 신청했다. 치명적인 허점이란 앞선 사례에서 본 것처럼 소멸시효에 관한 것이었다.

인도명령이란 정당한 권리가 없는 점유자를 정식재판 절차를 거치지 않고 간단하게 내보낼 수 있는 제도다. 확정판결까지 받아놓은 유치권자였지만 법원은 이례적으로 보름 만에 우리쪽 인도명령 신청을 받아들였다. 결국 돈 한 푼 들이지 않고 1억 4,000만원의 유치권을 주장하는 점유자를 내보낼 수 있었다.

통상 이런 경우 법원은 유치권자를 보호하기 위해 약식재판인 인도명령 절차보다는 정식재판인 명도소송을 진행하도록 유도하는 경우가 많다. 그러나 명도소송을 하게 되면 최종 결론까지 1~2년이 걸리기 때문에 낙찰자 입장에서는 참 곤혹스럽다. 그러나 우리쪽 논지가 워낙 명확하다보니 법원은 인도명령으로 사건을 종결했다.

A씨는 점유자를 내보낸 뒤 전세를 놓았는데 입지가 좋고 임대수요가 풍부해 곧바로 1억 2,000만원에 세입자를 들일 수 있었다.

앞서도 말했듯 특수물건이 고수익을 보장해주는 블루오션임은 분명하지만 특수물건 투자엔 늘 위험이 따른다. 내로라하는 전문가들도 특수물건에 잘못 손댔다가 큰 손실을 입는 사례도 비일비재하다. 법률 전문가가 아니면 정확한 판단에 한계가 있어서다.

이 물건 역시 A씨가 유치권 원금에서 월세를 공제하면 유치권은 소멸한다는 원론적인 접근방법을 택해 낙찰받았지만, 이 물건의 유치권을 단기간에 해결한 신의 한수는 소멸시효의 법리를 꼼꼼히 파고든 데 있었다.

특수물건으로 꾸준히 고수익을 내려면 지치지 말고 꾸준히 공부하여 자신의 실력을 배양하고, 믿을 만한 전문가의 도움을 받아 투자하는 것이 안전하다.

4,000만 원에 낙찰받고
1억 5,000만 원에 전세 놓다

지금으로부터 4년여 전. 강남구 역삼동에 소재한 다가구주택의 한 호수가 경매에 나왔다. 다가구주택은 호실을 여러 개로 나누어 사용해도 전체를 하나로 취급하여 소유한다. 따라서 건물 전체가 경매에 나오는 일은 있어도 한 호실만 따로 경매에 부칠 수 없다.

그런데 어떻게 이런 일이 가능했을까? 내막을 알아보니 이 건물 전체를 여러 명이 공유지분으로 소유하고 있는데 그중 일부 지분만 경매에 나온 것이었다. 이런 경우 공유자들 간에 내부적으로 특정부분을 나누어 소유하기로 합의했다면, 이 물건은 판례상 단독소유로 취급하는 '구분소유적 공유관계'에 해당된다. 따라서 비록 지분경매의 형태를 취한다 하더라도 결과적으로 낙찰자는 특정 호수를 낙찰받을 수 있다.

쉽게 말해 이 건물은 등기부상으로는 공유자들이 각 층별로 10㎡

소재지	(06229) 서울특별시 강남구 역삼동 ■■-■ [도로명] 서울특별시 강남구 ■■■■ (역삼동)					
용도	다가구(원룸등)	채권자	현대캐피탈	감정가		72,000,000원
토지면적	토지 매각제외	채무자	이■■	최저가		(41%) 29,491,000원
지분건물	56.12㎡ (16.98평)	소유자	이■■ 外	보증금		(10%) 2,950,000원
제시외		매각대상	건물지분매각	청구금액		5,640,854원
입찰방법	기일입찰	배당종기일	2009-01-12	개시결정		2008-11-04

회차	매각기일	최저매각금액	결과
신건	2009-07-22	72,000,000원	유찰
2차	2009-08-26	57,600,000원	유찰
3차	2009-09-30	46,080,000원	매각
	박■■/입찰3명/낙찰56,449,000원(78%)		
	2009-10-07	매각결정기일	불허가
3차	2009-12-09	46,080,000원	유찰
4차	2010-01-24	36,864,000원	매각
	유■■/입찰3명/낙찰46,190,000원(64%)		
	2010-01-21	매각결정기일	허가
	2010-02-08	매각결정기일	허가취소
4차	2010-03-24	46,080,000원	유찰
5차	2010-04-28	36,864,000원	매각
	유■■/입찰1명/낙찰39,190,000원(54%)		
	2010-05-06	매각결정기일	허가
	2010-06-11	대금지급기한	미납
5차	2011-11-09	36,864,000원	유찰
6차	2011-12-14	29,491,000원	매각
	(주)메■■/입찰3명/낙찰40,000,000원(56%)		

(3평) 내외씩 나누어 소유하는 지분의 형태였지만, 실제로 소유자는 전용면적 약 56㎡(17평) 규모의 지하층 101호를 소유하는 것이었다. 이러한 사정이 매각물건명세서에 분명히 공지되어 있었다.

그런데 이 물건의 문제는 이것뿐만이 아니었다. 보통 건물에 대한 경매는 건물을 떠받치고 있는 대지를 함께 감정평가하여 진행하는데, 이 물건은 건물만 감정평가하고 대지지분은 아예 평가에서 제외되어 있었다. 앞서 본 사례에서 집합건물은 비록 대지지분 없이 건물만 감정평가해도 일정한 요건을 충족할 경우 낙찰자가 대지지분을 무상으로 취득할 수 있다고 했다. 그러나 이 사건은 집합건물이 아니라 단독주택의 일종인 다가구주택이어서 대지권 무상취득이 불가능하다. 결국 토지소유자가 건물철거를 요구하면 꼼짝없이 철거할 수밖에 없거나 토지소유자에게 대지지분을 비싼 값에 매입해야 하는 상황이었다. 게다가 이 물건에는 건축설비업자로부터 리노베이션 대금 명목으로 유치권까지 신고되어 있었다.

사건	2008타경32*** 부동산강제경매 2008타경28***(중복)	매각물번호	1	담임법관 (사법보좌관)	강○○
작성일자	2011.11.29.	최선순위 설정일자		2004.12.22.가압류	
부동산 및 감정평가액 최저매각가격의 표시	부동산표시목록 참조	배당요구종기		2009.01.12	

부동산의 점유자와 점유의 권원, 점유할 수 있는 기간, 차임 또는 보증금에 관한 관계인의 진술 및 임차인이 있는 경우 배당요구 여부와 그 일자, 전입신고일자 또는 사업자등록신청일자와 확정일자의 유무와 그 일자

점유자의 성명	점유부분	정보 출처 구분	점유의 권원	임대차 기간 (점유기간)	보증금	차임	전입신고일자 ·사업자등록 신청일자	확정일자	배당요구여부 (배당요구일자)
이○○	101호	현황조사	주거 임차인	미상	미상		2002.10.14.	미상	
인○○	101호 전부	권리신고	주거 임차인	2002.10.14.~	5,500만원		2002.10.14.	2002.10.14.	2009.10.14.
임○○	101호	현황조사	주거 임차인	미상	미상		2006.9.4.	미상	

〈 비고 〉
이○○ : 인○○의 자녀임.
인○○ : 배당요구 종기를 지나 배당요구를 하였으므로 배당받지 못함. 2002. 10. 14. 이 사건 건물에 전입신고를 마치고, 확정일자를 부여받았는데, 2003. 10. 31. 무단전출로 인하여 주민등록이 직권 말소된 후 2006. 1. 25. 직권으로 이 사건 부동산에 주민등록이 재등록됨.

※ 최선순위 설정일자보다 대항요건을 먼저 갖춘 주택,상가건물 임차인의 임차보증금은 매수인에게 인수되는 경우가 발행할 수 있고, 대항력과 우선 변제권이 있는 주택,상가건물 임차인이 배당요구를 하였으나 보증금 전액에 관하여 배당을 받지 아니한 경우에는 배당받지 못한 잔액이 매수인에게 인수되게 됨을 주의하시기 바랍니다.

사정이 이렇다보니 건물의 감정가는 7,200만원인데, 다섯 차례 유찰을 거쳐 반값까지 떨어져 있었다. 게다가 그동안 누군가 낙찰받았다가 불허가를 한 번 받은 흔적이 있었고 그 후로 진행된 경매절차에서 한 번의 허가 취소와 한 번의 잔금 미납이 더 있었다.

왜 그랬을까 유심히 살펴보니 보증금이 5,500만원인 대항력 있는 임차인이 있었다. 확정일자가 빨라 최선순위로 배당받는 것처럼 보였지만, 배당요구종기를 훨씬 지나 배당요구를 한 탓에 한 푼도 배당받지 못하는 임차인이었다. 결국 낙찰자가 보증금 5,500만원을 전액 떠안아야 했다. 역삼동 세브란스 병원 인근의 임대수요 풍부한 다가구주택이니 많은 사람들이 욕심을 내긴 했지만, 건물만 입찰인 지분경매에 유치권, 대항력 있는 임차인이 뒤섞인 복잡한 물건이라 제대로 된 해법을 모른다면 쉽사리 접근이 어려운 물건이었다.

법인을 운영하는 L씨는 2명의 경쟁자를 물리치고 이 물건을 4,000만원에 낙찰받았다. 그리고 그동안 배우고 익힌 툴대로 요령 있게 하나씩 문제를 해결해나갔다.

먼저 지분은 앞서 살펴본 대로 구분소유적 공유관계를 주장하여 101호의 소유권을 그대로 인정받는 것으로 즉각 해결했다. 유치권 문제는 전 낙찰자가 불허가를 받기 위해 허위로 신고한 것이라는 점을 밝혀내 싱겁게 매듭지었다. 가장 난제였던 대항력 있는 임차인 문제도 쉽게 해결했다. 실제로 보증금을 지급한 진정한 임차인이 아니라 저가 낙찰을 노린 위장임차인임을 밝혀냈기 때문이다. 곧바로 인도명령을 받아냈고, 잔금납부 후 두 달여 만에 강제집행으로 명도를 마쳤다.

그리고 무엇보다도 약 1억원에 달하는 토지지분을 효율적인 협상을 통하여 3,000만원에 매입했다. 이 물건의 경우 토지소유자가 철거 판결을 갖고 있어 협상의 칼자루를 쥔 것처럼 보이지만, 현실적으로 이 호수만 철거하는 것이 불가능함을 부각하며 협상에 임한 것이

통했다.

이렇게 복잡하게 얽혀있던 법적인 문제를 마치 실타래 풀듯 하나씩 정리한 뒤 500만원 정도를 들여 효율적으로 리모델링한 후 곧바로 전세를 놓았다. 이 물건에 들어간 투자금은 대지매입 대금을 포함하여 약 7,500만원이었다. 낙찰 후 3개월 정도쯤에 1억 5,000만원에 전세를 놓았고, 토지 대금 3,000만원도 이 전세금으로 지급해 이 물건에 실제 투입한 금액은 4,500만원에 불과하니 놀라운 성과다.

이 같은 성과는 결코 행운이 아니다. L씨가 법적으로 복잡하게 얽힌 이 물건의 해법을 찾아낸 것은 그동안 꾸준히 공부해온 인내와 노력의 결과임을 잊지 말자.

가끔 건물만 입찰하는 물건이 경매에 나오는 경우가 있다. 토지는 감정하지 않고 건물만 감정평가한 상태에서 '건물만 입찰'이라는 내용이 매각물건명세서에 공지된 채로 경매를 진행하는 경우다. 이 경우 목적물이 집합건물이라면 앞서 살펴본 것처럼 대지를 무상으로 취득할 수 있는지 먼저 검토해볼 필요가 있다.

대지를 무상으로 취득할 수 없다면 결국 토지지분을 매입할 수밖에 없는데, 이때 토지소유자와의 기싸움에서 얼마나 오래 잘 버텨내느냐가 수익을 좌우한다. 건물을 철거하겠다는 토지소유자의 압박에 항복하면 토지를 시세보다 비싸게 사거나 낙찰받은 건물을 헐값에 넘겨 손해를 볼 수도 있다. 그러나 토지소유자의 압박을 요령 있게 피해가면서 시간을 끌면 반대로 토지를 시세보다 싸게 사거나 건물을 고가에 매각할 수도 있다.

토지소유자의 무기는 건물 철거권과 지료 청구권이다. 건물이 철거되면 아무리 건물을 싸게 낙찰받았다고 해도 낙찰가만큼 손해이고 거기에 더해 철거비용까지 부담해야 하니 낙찰자로서는 여간 낭패가 아니다. 철거될 때까지 지료도 부담해야 하니 얼른 보면 토지소유자의 힘이 막강한 것처럼 보인다. 하지만 토지소유자의 이 두 가지 무기를 무력하게 만들 수만 있다면 건물소유자가 협상에서 우위를 점할 수 있다. 과연 그런 방법이 있을까? 무수히 많은 방법이 있으니 한번 상상력을 발휘해보자.

L씨는 이 물건의 등기부등본을 떼어보고 곧바로 토지소유자가 건물철거라는 막강한 무기를 휘두르지 못할 것이라고 판단했다. 그 근거는 과연 무엇이었을까?

L씨가 건물 등기부등본을 떼어보니 이 건물의 공유자 7명 중 6명이 토지소유자로부터 토지를 매입했다는 사실을 확인할 수 있었다. 사정이 이렇다면 토지소유자가 P씨를 상대로 철거판결을 받아 승소한다고 해도 L씨의 건물을 사실상 철거할 수 없다. 즉 판결은 나와도 집행이 불가능한 것이다. 결국 철거하겠다는 토지소유자의 엄포는 이런 사정과 법리를 모르는 사람에게나 통하는 것이지 L씨에게는 전혀 효과가 없었다.

그리고 토지소유자의 또 다른 무기인 지료도 L씨가 줘야 받는 것이지 강제로 받아낼 수는 없다. 소송을 통해 받아야 한다. 반면에 L씨는 땅이 없는 건물이라 전세를 놓을 수는 없었지만, 강남의 요지에 있는 다가구주택이므로 보증금 4,000만원에 월 80만원 정도로 월세를 놓을 수 있었다. 결국 이 게임의 승자는 처음부터 정해져 있었던 것이다.

L씨가 이런저런 이유를 설명하며 토지소유자에게 시세 1억원인 지분을 3,000만원에 팔라고 하자 토지소유자는 군말 없이 넘겼다고 한다. 이 혹독한 경험을 발판삼아 이후 그는 건물만 나온 물건을 찾아 입찰하러 다닌다는 후문이다.

실전사례 4

법정지상권과 선순위 가등기 물건, 알고 보면 흙 속의 진주

이번에 소개할 사례는 예전에 필자가 직접 낙찰받아 해결한 물건이다. 충남 아산시 용화동에 대지면적이 347㎡(105평)나 되는 단독주택이 경매로 나왔다. 사진상으로 보이는 건물은 허름하기 짝이 없었지만, 지적도를 떼어보니 땅모양이 반듯하고 2개의 소로에 접한 획지의 땅이었다.

주변에는 용화동 택지개발지구가 한창 개발 진행 중이었고 인근에 대전지방법원과 초, 중, 고교들이 포진해 있어 임대수요도 풍부해 보이는 지역이었다. 기존 건물을 헐고 빌라를 지어도 수익성이 꽤 높아보였다. 최초 감정가는 2억 2,000여만원이었으나 세 차례 유찰을 거쳐 당시 최저가는 7,400만원대까지 떨어져 있었다. 인근에 한참 개발바람이 불고 있던 때라 시세는 단위면적당 300만원을 호가했다.

도대체 뭐가 문제일까 유심히 살펴보니 매각물건명세서에 '법정

소재지	(31574) 충청남도 아산시 용화동 ■-■				
	[도로명] 충청남도 아산시 철운로20■■ ■■ ■■■				
용도	주택	채권자	신용보증기금	감정가	221,933,500원
토지면적	347㎡ (104.97평)	채무자	박■	최저가	(33%)74,253,000원
건물면적	92㎡ (27.83평)	소유자	박■	보증금	(20%)14,851,000원
제시외	78.1㎡ (23.63평)	매각대상	토지/건물일괄매각	청구금액	467,584,630원
입찰방법	기일입찰	배당종기일	2005-08-24	개시결정	2005-05-19

기일현황			
회차	매각기일	최저매각금액	결과
신건	2006-11-20	216,480,000원	유찰
2차	2006-12-18	151,536,000원	유찰
3차	2007-01-22	106,075,000원	유찰
4차	2007-02-27	74,253,000원	매각
	낙찰108,877,000원(49%)		
	2007-03-06	매각결정기일	허가
	2007-03-26	기한후납부	
	배당종결된 사건입니다.		

① 물건현황/토지이용계획	면적(단위:㎡)	② 임차인/대항력여부	③ 등기사항/소멸여부
용화고교 북동측 인근에 위치	[토지]	배당종기일: 2005-08-24	소유권 이전
주위로 아파트, 다세대주택, 소형점포 및 단독주택, 학교등이 혼재하는 기존주택지대	용화동 ■-■ 대지 347 (104.97평) 일부현황"도로"	- 미상	1985-06-14 건물/토지 박■ 경락
차량 출입가능하고, 인근에 시내버스정류장이 소재하는등 대중교통수단이용은 보통	[건물] 용화동 ■-■		가등기 인수 1992-08-18 건물/토지 정■
인접도로 대비 대체로 등고이고, 자체지면은 평탄한 부정형갯 평지	단층 주택 92㎡ 면적(27.83평)		특별매각조건에의한인수 2004다59546 판례보기
지적도상 각각 북서측으로 로폭 약3m, 남서측으로 로폭 약2m의 포장도로와 접함	[제시외] 용화동 ■-■		압류 토지소멸기준 1999-02-03 토지
이용상태(방3, 거실, 주방)	5.9㎡ (1.78평)포함		중부세무서 (부가46410-284)
개별유류보일러에 의한 난방설비	용화동 ■-■ [주택]		압류 소멸
위치살(주택 56.10㎡)평가외되었음	시멘트블록조 46.6㎡ (14.1)평포함		1999-02-04 토지 서울특별시강북구
제2종일반주거지역 지역내필지(용화동 57-3)	별동의 건물		(세무1과3410-814)

'지상권 성립여지가 불분명한 건축물과 가축(처마에 이어서 햇살과 비를 피하기 위해 설치한 구조물), 차양, 견사 등 다양한 공작물이 소재하니 유의하라'는 문구가 게재되어 있었고, 무엇보다 경매계에서 위험하기로 악명 높은 선순위 가등기가 등재되어 있었다.

선순위 가등기가 존재하면 낙찰자가 잔금을 납부하고 소유권을 취득해도, 추후 가등기권자가 본등기를 마치면 이렇다 할 항변 한번 못해보고 속절없이 물건의 소유권을 빼앗기게 된다.

혹시 유용한 정보를 얻을 수 있을까 싶어 등기부등본을 열어보니 가등기가 설정된 일자가 꽤 오래전이었다. 가등기는 급히 매매계약을 체결하였거나 혹은 급하게 자신의 권리를 보전할 필요가 있을 때 설정하는 것이 일반적이다. 한데 가등기 설정일로부터 10년이 지났는데도 아직까지 가등기인 채로 남아 있다니, 뭔가 미심쩍었다.

가등기는 조금 더 뒤에 파헤치기로 하고 법정지상권 관련 문구에 주목했다. 법정지상권(경매대상물 내에 땅을 사용할 수 있는 권리)이 성립되는 건축물과 공작물이 있으면 낙찰을 받아도 소유권 행사에 제한이 있어 사람들이 응찰을 꺼린다. 조사해보니 가추, 차양, 견사로 이름 지어진 것들은 법정지상권과 무관한 공작물들이었다.

그런데 정작 다른 문제가 있었으니, 해당 지번에 등기부등본이 2개나 존재한다는 것이었다. 뭔가 착오가 있겠지 싶었으나 건축물대장을 떼어보니 건축물대장도 역시 2개였다. 하나의 지번에 건물이 두 개가 올라와 있는데 이번에 경매 목적물로 나온 것은 그중 하나였다. 나머지 하나의 건물에 법정지상권이 성립된다면 30년 동안 지료나 받으면서 그 건축물의 존재를 인정해야 하는 부담스러운 물건이었다.

그럼에도 불구하고 과감히 응찰하여 약 1억여 원에 단독으로 낙찰받았다. 잔금 납부 후 곧바로 가등기권자를 상대로 가등기말소소송을 제기했다. 조사한 바대로 10년 이상 경과한 가등기는 껍데기에 불과하므로 채 5개월이 지나지 않아 승소판결을 받을 수 있었다. 상대의 항소가 없어 곧바로 판결은 확정되었고 가등기도 곧장 말소되었다.

가등기 판결이 난 뒤 곧바로 은행권에 대출을 신청하여 투자금의

1.5배인 약 1억 5,000만원을 회수했다. 경매에서 은행의 대출은 낙찰가가 아닌 감정평가액을 기준으로 이루어지므로, 당시 최초감정가 2억 2,000만원의 약 70%를 대출받을 수 있었다. 용화 택지개발지구 개발이 끝나 아파트들이 입주하면 머지않아 이 땅의 가치도 급상승하리라는 전망하에 장기적으로 접근하기로 했다. 이미 투자금의 1.5배를 회수했으니 아쉬울 건 없었다.

경매대상 외의 건축물 소유자에게는 건물 철거소송 등을 통해 압박하기보다는 오히려 우리쪽 건물을 관리해 달라고 요청하고, 그 대가로 지료 없이 무상사용하게 해주었다.

그 후 필자의 땅쪽으로 넓은 도로가 생기며 약 50㎡(15평)가 수용되었고 보상금으로 약 3,500만원 정도를 챙길 수 있었다. 필자의 땅은 이제 소로에 접한 쓸데없이 크기만 한 대지가 아니라 중로에 접한 300㎡(약 90평)의 가치 있는 땅으로 변모했다. 인근 용화동 택지개발지구도 어느덧 개발이 막바지에 접어들어 아파트들이 속속 입주했다. 현재 도로 하나를 사이에 둔 택지개발지구 내의 땅은 단위면적당 700만~800만원을 호가한다. 필자는 바로 인근의 땅을 단위면적당 100만원 내외로 낙찰받았으니 괜찮은 투자가 아닌가.

마지막으로 우리쪽 건물을 관리해주던 또 다른 건축물 소유자가 다른 곳으로 이주하며, 그동안 고마웠다는 감사 인사와 함께 자신의 건물에 대한 철거 등 처분권한을 넘겨주었다. 곧바로 해당 건물을 철거하고 멸실 신고까지 마치니 이제 이 물건은 그야말로 법적인 문제가 전혀 없는 깔끔한 물건이 되었다.

악명 높은 선순위 가등기와 법정지상권도 꼼꼼한 조사와 정확한 판단이 전제된다면 그다지 두려워할 필요가 없다.

정 변호사의 원포인트 코칭

선순위 가등기가 있으면 입찰하기가 두렵다. 낙찰자가 잔금을 내고 소유권을 취득해도 가등기가 말소되지 않고 남아 있다가 추후 가등기권자가 본등기를 해버리면 소유권을 빼앗기기 때문이다. 경매 사고로 일어날 수 있는 가장 큰 피해이다보니 입찰자들은 선순위 가등기, 혹은 같은 결과를 야기하는 선순위 가처분 물건을 무척이나 두려워한다. 그러나 어떻게 리스크를 통제하는지 제대로 배운 사람들은 오히려 선순위 가등기와 가처분만큼 좋은 물건이 없다고 한다.

경매인들 중 상당수가 10년이 지난 가등기는 무조건 말소할 수 있다고 믿는다. 하지만 그 기간 내에 매매예약완결권 행사의 부존재(법적인 설명이 길어지므로 자세한 이야기는 생략)라는 일정 요건을 충족했을 때 말소할 수 있다는 것이지, 10년이 지났다고 해서 무조건 말소할 수 있는 것은 아니다. 경매 고수라는 이들조차 오해하는 경우가 종종 있다.

부동산 투자자로서 필자가 마음속 깊이 품고 있는 지론은 '리스크 통제 없는 고수익은 한순간의 우연일 뿐이다'라는 것이다. 엄청난 고수익이 예상된다고 해도 리스크를 통제할 수 없는 특수물건은 절대 입찰해서는 안 된다. 강의도 마찬가지다. 아무리 강사가 현란한 특수물건의 수익모델을 알려준다고 해도 그 물건에 내재된 리스크를 통제할 방법을 알려주지 않으면 그 강의는 가치가 없다. 오히려 특수물건을 가볍게 보고 무분별한 입찰을 유도해 위험할 뿐이다. 이 물건의 선순위 가등기는 소송으로 가더라도 100% 이길 수 있는 증거 및 법리를 취합해두고 입찰했기에 단기간 내에 해결할 수 있었다. 단순히 10년이 지난 가등기는 말소할 수 있다는 생각으로 입찰한 것이 아님을 노파심에 밝혀둔다.

또 하나, 이 물건에는 경매에서 감정평가되지 않아 낙찰자가 소유권을 취득하지 못하는 입찰 외 건물이 존재했다. 법적으로 검토하니 토지를 사용할 수 있는 권리인 법정지상권이 성립되지 않아 결국 그 건물은 철거되어야 했다.

건물소유자를 상대로 철거소송을 진행하여 자진철거를 유도하거나, 아니면 헐값에 건물을 매입하거나, 이도저도 아니면 철거판결을 받아 집행하면 되었기에 크게 신경 쓰지는 않았다. 특히 개발의 후광으로 토지 가치가 상승하기를 기다리는 장기투자를 계획했기 때문에 심적으로 여유가 있었다. 그러다보니 건물소유자에게서 원만한 협조를 이끌어낼 수 있었다. 중간에 토지가 도로용지로 수용되어 보상금을 받은 것은 예측하지 못한 보너스였다. 결국 이 물건도 특수물건이라고는 하나 리스크는 전혀 없었다.

단지 부자가 아닌, 행복한 부자를 꿈꾸는 우리는 안전하게 투자해야 한다. 현란한 수익모델에 현혹되지 말고 리스크 통제방법부터 하나씩 익혀가자.

실전사례 5

위장임차인, 또 하나의 블루오션

특수물건 중에서도 사람들이 많이 접근하는 유형이 '위장임차인' 물건이다. 매각물건명세서에는 임차인의 보증금을 낙찰자가 인수해야 하는 것처럼 공지되어 있지만, 실상 내막을 캐보면 위장임차인이어서 낙찰자가 떠안을 게 없는 물건이 바로 '가장임차인' 혹은 '위장임차인' 물건이다.

경매시장의 과열로 낙찰과 동시에 수익을 내는 것이 불가능해진 요즘 같은 시기에는 위장임차인 물건을 찾아낼 수만 있다면 꽤 괜찮은 수익을 얻을 수 있다.

다음은 P씨가 낙찰받은 사례다. 인천 계양구에 소재한 전용면적 60㎡의 대단지 아파트가 경매에 나왔다. 지하철이 바로 코앞이고 인근에 유치원에서부터 초, 중, 고등학교가 모두 소재해 학군도 좋은 데다가 향과 층, 입지 모두 양호한 그야말로 차별화된 아파트였다.

소재지	(21035) 인천광역시 계양구 병방동 432-5 ▩▩▩▩▩▩▩▩ ▩▩▩ ▩▩▩ ▩▩▩▩▩				
	[도로명] 인천광역시 계양구 장제로 878, ▩▩▩ ▩▩▩ ▩▩▩▩▩▩▩▩▩▩▩				
용도	아파트	채권자	한국주택금융공사	감정가	202,000,000원
대지권	32.0852㎡ (9.71평)	채무자	이▩▩	최저가	(70%) 141,400,000원
전용면적	59.79㎡ (18.09평)	소유자	이▩▩	보증금	(10%) 14,140,000원
사건접수	2014-09-04	매각대상	토지/건물일괄매각	청구금액	113,430,951원
입찰방법	기일입찰	배당종기일	2014-11-12	개시결정	2014-09-05

기일현황			
회차	매각기일	최저매각금액	결과
신건	2015-04-14	202,000,000원	유찰
2차	2015-05-21	141,400,000원	매각
박▩▩/입찰1명/낙찰175,899,900원(87%)			
	2015-05-28	매각결정기일	허가
	2015-06-26	대금지급기한 납부(2015.06.26)	납부
	2015-07-30	배당기일	완료
배당종결된 사건입니다.			

물건현황/토지이용계획
인천지하철1임학역 남동측 인근에 소재
인근 일대는 아파트단지 및 각층 근린생활시설 등으로 형성된 아파트지대
인근에 버스정류장 및 인천지하철임학역이 소재 대중교통의 편의성은 양호
본건은 단지내 포장도로를 통해 외곽 공도와 접함
제3종일반주거지역
위생설비, 상.하수도 설비, 난방설비, 승강기설비, 옥내소화전설비, 화재경보설비
철근콘크리트조

토지이용계획/공시지가
부동산정보 통합열람
감정평가서

면적(단위:㎡)
[대지권]
병방동 ▩▩▩
61,145.8㎡ 분의 32.09㎡
대지권 32.09㎡ (9.71평)

[건물]
병방동 ▩▩▩
105동
▩▩▩ ▩▩▩▩
59.79㎡ 전용 (18.09평)
16층 건중 14층
보존등기일 : 1997-11-21

건축물대장

임차인/대항력여부
배당종기일: 2014-11-12
박▩▩ 있음
전입: 2005-03-07
확정: 2012-10-29
배당: 2014-10-06
보증: 135,000,000원
점유: 전부
배당: 91,840,800원
인수금: 43,159,200원
일부배당미배당금 인수예상

매각물건명세서
예상배당표

• 압류의 법정기일이 빠른경우 또는 교부청구(당해세)로 대항력있는 임차인의 경우 전액배당 안될시 인수금액 발생할수있음

등기사항/소멸여부
소유권	이전
2002-09-18	집합
김▩▩	
매매	
소유권	이전
2012-10-29	집합
이▩▩	
(거래가) 175,000,000원	
매매	
(근)저당	소멸기준
2012-10-29	집합
국민은행	
120,000,000원	
가압류	소멸
2013-08-13	집합
국민은행	
49,522,004원	

최초감정가는 2억여원이었는데 한 차례 유찰을 거쳐 당시 최저가는 1억 4,000만원 선이었다. 그러나 감정평가 시점인 6개월 전보다 가치가 꾸준히 상승하여 당시 시세는 약 2억 3,000만원 선에서 형성되어 있었다.

법적인 하자가 없는 일반물건이었다면 수십명이 응찰하여 감정가를 훌쩍 넘겨 낙찰되었겠지만, 이 물건에는 대항력 있어 보이는 임차인이 존재했다. 이 임차인은 낙찰자에게 보증금을 받을 권리인 대항력은 가지고 있었지만, 다른 채권자들보다 보증금을 우선해서 배당

받을 수 있는 권리인 우선변제권은 확정일자가 늦어 행사할 수 없는 상태였다. 쉽게 말해 임차인이 주장하는 보증금 전액을 낙찰자가 인수해야 하는 물건이었다.

사건	2014타경63*** 부동산임의경매	매각물번호	1	담임법관 (사법보좌관)	정OO
작성일자	2015.03.31.	최선순위 설정일자		2012.10.29.근저당권	
부동산 및 감정평가액 최저매각가격의 표시	부동산표시목록 참조	배당요구종기		2014.11.12 /	

부동산의 점유자와 점유의 권원, 점유할 수 있는 기간, 차임 또는 보증금에 관한 관계인의 진술 및 임차인이 있는 경우 배당요구 여부와 그 일자, 전입신고일자 또는 사업자등록신청일자와 확정일자의 유무 그 일자

점유자의 성명	점유부분	정보 출처 구분	점유의 권원	임대차 기간 (점유기간)	보증금	차임	전입신고일자 ·사업자등록 신청일자	확정일자	배당요구여부 (배당요구일자)
박OO	전부	권리신고	주거 임차인	2005.3.4.~	135000000		2005.3.7.	2012.10.29.	2014.10.06

〈 비고 〉
박OO : 박OO의 권리신고 및 배당요구신청서에 첨부된 각 계약서에 의하면 아래와 같은 사항이 각 확인됨 1. 전소유자 김OO과 2005.1.31. 최초 임대차계약(보증금 95,000,000원, 부동산명도일 2005.3.4., 확정일자 불명) 후 2005.3.7. 전입신고하여 현재까지 전입유지하고 있으며, 2012.3.4. 재계약함(보증금 135,000,000원, 부동산명도일 2012.3.4., 확정일자 불명) 2. 전소유자와 현소유자간 2012.10.20.자 본건 매매계약서에는 매매대금 중 임차인 박OO의 임차보증금 135,000,000원을 지급에 갈음하여 현소유 자가 인수하는 것으로 특약되어 있음 3. 현소유자 이OO와 2012.10.29. 재계약함(보증금 135,000,000원, 부동산명도일 2012.10.29, 확정일자 2012.10.29.)

※ 최선순위 설정일자보다 대항요건을 먼저 갖춘 주택.상가건물 임차인의 임차보증금은 매수인에게 인수되는 경우가 발생할 수 있고, 대항력과 우선 변제권이 있는 주택,상가건물 임차인이 배당요구를 하였으나 보증금 전액에 관하여 배당을 받지 아니한 경우에는 배당받지 못한 잔액이 매수인에게 인수되게 됨을 주의하시기 바랍니다.

임차인이 법원에 신고한 보증금 금액은 무려 1억 3,500만원. 만약 이 임차인이 진정한 임차인이라면 낙찰자가 보증금을 인수해야 하므로 낙찰가가 7,000만원 이하에서 형성되어야 정상이었다. 그렇다면 앞으로 몇 번이고 더 유찰되어야 할 물건이었지만, P씨는 오히려 최저가보다 3,000만원을 더 써내고 이 물건을 낙찰받았다. 위장임차인이라는 확신을 가졌기 때문이다.

P씨는 이 물건의 임차인이 거액의 보증금을 공인중개사 없이 직거래했고, 전입일자와 확정일자 사이에 상당한 이격이 있는 것으로 보아 정상적인 임차인은 아닐 것이라고 추정하고 응찰 전 내막을 캐기 위해 주변 탐문에 들어갔다. 은행과 경비실, 관리실 등을 집중 탐문해 현재 임차인의 남편과 소유자가 형제지간이라는 사실을 밝혀냈다.

임대차계약서 등 관련 자료를 입수해 분석한 결과 여러 모순되는 점이 있었다. 위장임차인이라는 심증은 있었지만 자칫 잘못하면 적지 않은 손해를 감내해야 했다. 망설이던 P씨는 임차인과 소유자와의 관계, 과거 둘 간의 채권채무관계, 임대차계약이 체결된 경위 등 확실한 증거를 확보한 뒤 응찰하기로 결심했다. 난이도가 좀 있는 물건이었지만 요즘 같은 과열기에 한두 명 경쟁자가 있으리라고 판단하고, 최저가보다 약 3,000만원 정도 올려서 응찰했다. 예상과 달리 경쟁자 없이 1억 7,000여만원에 단독으로 낙찰받았다.

낙찰 즉시 P씨는 사전에 준비한 대로 위장임차인임을 순순히 시인하지 않으면 형사고소와 민사소송을 통해 강제로 명도하겠다는 단호한 의지가 담긴 내용증명을 보냈고 몇 차례 만나서 협의를 이어갔다. 임차인은 처음에는 보증금 1억 3,000여만원을 돌려받기 전까지는 절대로 물러나지 않겠다며 강경하게 나왔다. 그러나 P씨가 몇 번 만나 경고와 설득을 반복하자 순순히 위장임차인임을 시인했고, 오히려 집을 구할 때까지만 살게 해달라고 부탁하는 방향으로 분위기가 역전되었다. P씨는 임차인의 사정을 받아들여 한 달여의 시간을 주었고 임차인은 그 시간에 부지런히 발품을 팔아 적당한 집을 구해서 나갔다.

신고된 보증금이 거액이었고, 점유자의 태도 또한 완강하여 장기간 명도소송까지 고려했던 이 물건은 잔금납부 후 채 두 달도 지나지 않아 순조롭게 명도가 끝나 곧바로 새로운 임차인에게 전세로 나갔다. 당시 이 물건의 전세가는 2억 1,000만원에서 형성되고 있었고 매매가는 계속 상승하여 2억 5,000만원을 호가했다. 그쪽 지역에 공급이 턱없이 부족하여 앞으로도 꾸준히 시세가 상승할 것이라는 필자의 조언에 P씨의 입가에 흐뭇한 미소가 떠날 줄 몰랐던 기억이 새롭다.

이 물건에서 보듯이 특수물건으로 수익을 내는 것은 특출한 재능을 가진 몇몇 경매인들만의 영역이 아니다. 평범한 주부인 P씨가 위장임차인임을 밝혀내 큰 수익을 냈던 건 의심스러운 정황을 끝까지 파고든 끈기와 노력 그리고 열정을 지녔던 덕분이다.

 위장임차인 물건은 양날의 검처럼 위험한 반면 매혹적이다(위장임차인을 색출하는 방법은 필자의 또 다른 책인 《경매기술 TOP시크릿》에 상세히 나와 있으니 참고하면 될 것이다).

필자는 특수물건에서 리스크 통제를 무척이나 강조한다. 그런데 만약 이 사례에서 임차인이 위장임차인이 아니었다면 원금손실의 가능성이 있었을까?

아니다. 이 물건의 임차인은 확정일자가 늦긴 했지만 배당요구

채권자들이 많지 않아 일부 배당을 받을 수 있는 상태였다. 결국 P씨가 써낸 낙찰가대로라면 임차인의 미배당분만 인수하면 되었고, 그 금액을 포함해도 손해는 없는 경우였다.

결국 리스크는 전혀 없고 수익은 컸던 셈이다. 그럼에도 단독입찰이었다는 건 배당계산을 정확히 해내는 경매인들이 많지 않다는 것을 뜻한다. 이는 곧 경매계에 실제 고수가 많지 않다는 방증이기도 하다.

그러니 경매 초보도 희망을 갖자. 처음 시작하는 당신보다 더 많이 공부하고 더 많이 경험한 쟁쟁한 선배들이 경매계에 잔뜩 포진해 있을 것 같지만, 실상은 그렇지 않으니 말이다.

행복한 부자가 되기 위해 끊임없이 노력하는 사람들은 생각보다 많지 않다. 지금 시작한 당신도 결코 늦지 않았다.

이기는 경매 전략

낙찰 후 매각만이
전부가 아니다

경매의 수익모델은 실로 다양하다. 요즘 같은 분위기에서는 법적인 하자가 있어 유찰을 거듭하는 '특수물건'을 공략하는 것이 주효한 방법이다. 그러나 이는 일정 수준 이상의 공부와 경험을 필요로 하는 만큼 보편적인 영역이 아닌 것 또한 사실이다.

그러나 실망하기에는 이르다. 대상물건에 법적인 하자가 없음에도 물건의 특성을 제대로 파악하여 알찬 수익을 내는 방법도 있기 때문이다. 예를 들어 공항철도 라인의 합정동, 연남동, 상수동 등의 단독주택이나 공동주택을 낙찰받아 게스트하우스로 구조 변경하여 수익을 낼 수도 있다. 외국인이 많이 거주하는 한남동이나 이태원동, 반포동 서래마을 인근의 주택을 낙찰받아 단기 체류 외국인을 상대로 1~2년치 임대료를 선불로 받는 이른바 '깔세'를 통해 안정적인 수익을 창출해내는 방법도 있다.

A씨는 외국인 관광객 선호도가 높은 합정역 인근에 건물만 나온 아파트를 헐값에 낙찰받아 1,000만원 정도 비용을 들여 깔끔하게 인테리어했다. 그런 다음 외국인 학생에게 장기로 임대를 놓아 월 250만원 이상의 순수익을 올리고 있다. 비록 잘 지어진 신축 아파트지만

건물만 입찰이어서 낙찰가는 불과 6,800만원이었다. 투자금 대비 결코 작지 않은 임대수익률이다.

더 이상 오피스 건물을 지을 땅이 없는 강남 한복판의 허름한 단독주택을 낙찰받아 대대적인 리모델링을 거쳐 오피스 건물로 사용하거나 임대를 놓는 방식도 경매계에서는 이미 널리 알려진 투자방식이다. 교통이 편리한 입지에 있는 대지면적 넓은 단독주택을 낙찰받아 전체를 헐어버리고, 빌라를 지어 분양하거나 임대를 놓는 것도 전세가가 매매가를 넘보는 시기에는 좋은 투자방법이다.

평창동이나 성북동, 한남동, 강남 요지의 고급빌라나 고급단독주택만을 낙찰받아 단기에 매도하여 수익을 내는 사람도 있다. 낙찰 후에 매수자를 찾는 것이 아니라 낙찰 전에 이미 매수자를 물색해놓고 낙찰에만 총력을 기울이므로 낙찰확률도 높고 단기 수익률도 예상치를 훌쩍 뛰어넘는다.

한편, 이름만 대면 알 만한 정·재계 명사들이 거주하던 고급단독주택의 경우에는 수준에 걸맞게 내부 인테리어도 최고급이고, 정원도 희귀한 조경수와 진귀한 조경석들로 꾸며져 있는 경우가 많다. 그러다보니 대상물의 가치가 산술적인 평가를 훨씬 웃돌 터인데도 실제 경매감정가에는 이런 특수한 사정들이 제대로 반영되는 경우가 드물다.

과거 모재벌가 회장의 단독주택이 경매로 나온 적이 있다. 그 집은 가치도 가치였지만, 오너의 독특한 취향 덕분에 330㎡(100평) 남짓한 정원이 흔히 볼 수 없는 진귀한 조경수와 조경석으로 꾸며져 있었다. 사실 건물의 가치보다 이 장식물들의 가치가 더 높을 수도 있다는 추측이 있었지만, 실제 경매절차에서 이런 가치는 높게 감정평가되지 않아 실제 가치의 채 5분의 1도 안 되는 수준에 감정평가되었다.

채무자 겸 소유자 측에서 즉시 이의를 제기했으나, 담당 법관들은 감정평가사가 공정한 기준에 기해 과실 없이 평가했다는 이유로 이의를 받아들이지 않았다. 감정평가 전문가가 아닌 법관들은 채무자가 억지를 써서 어떻게든 경매절차에 지장을 주려는 불순한 의도를 가진 것으로 파악했던 것이다. 결국 어느 눈 밝은 경매인이 이 물건을 낙찰받아 특별한 노력 없이도 큰 수익을 거두었다. 이렇듯 고급주택의 경매에는 숨은 이점이 많다.

대표적인 오피스 밀집지역인 강남의 테헤란로 인근에서 고풍스런 단독주택에 어엿한 회사의 간판이 걸려있는 것을 보는 것도 이제 그리 드물지 않은 풍경이 되어가고 있다. 실제 외국인들이 관광 1순위로 꼽는 홍대입구역 인근에는 과거 단독주택으로 사용했던 주택을 특색 있게 리모델링하여 게스트하우스로 활용하는 사례가 늘어나고 있다. 특히 공항철도 라인에 있는 합정동, 연남동 등 지역은 홍대상권에 더해 교통이 편리해 연중 비수기가 없을 정도로 예약이 끊이질 않는다.

자금에 여유가 있어서 대지면적이 넓은 고급단독주택을 낙찰받아 헐어버린 뒤 고급빌라를 지어 분양하거나 임대를 놓으면 여러모로 수익을 극대화할 수 있다. 다만 지방세법상 고급주택으로 분류되면 취득세 부담이 현격히 가중되고, 대부분의 고급주택들은 감정가가 높아 초기 투자비용이 만만치 않게 들어갈 수 있음은 감안해야 한다. 게다가 이런 고급주택 경매의 경우 대대적인 리모델링 명목으로 낙찰자가 인수해야 하는 권리인 거액의 유치권이 신고되는 경우가 많아 주의할 필요가 있다. 그러나 유치권의 성립요건이 까다로워 대부분 해결이 가능한 만큼 전문가의 도움을 받아 응찰한다면 안전하게 수익을 챙길 수 있다.

부동산 경기가 조정 국면일 때는 아파트조차 제값 받고 팔기가 어려운데 값비싼 호화주택으로 과연 수익을 낼 수 있을까 하고 의문을 갖는 이들도 있을 것이다. 그러나 통계를 보든 현장 분위기를 보든 오히려 좋은 입지의 단독주택이나 제대로 지어진 공동주택을 찾는 수요가 꾸준히 있다는 것도 알아둘 필요가 있다.

선호도가 높다고 해서 아파트 경매만 고집할 필요는 없다. 고급빌라, 고급단독주택도 그 특성과 활용도만 제대로 포착할 수 있다면 아파트보다 월등히 높은 수익률을 기대할 수 있다는 사실을 꼭 명심하자.

위장임차인 찾기, 임장과 상상력의 중요성

경매에서 가장 중요한 것은 무엇일까? 권리분석, 명도, 수익 등 의견들이 많겠지만 뭐니 뭐니 해도 역시 낙찰일 것이다. 낙찰을 받아야 명도도 해보고 수익도 낼 수 있기 때문이다.

그런데 낙찰을 받으려면 반드시 필요한 절차가 있다. 바로 경매인들이 흔히 '임장'이라고 표현하는 현장조사다. 현장조사를 제대로 하면 낙찰 확률을 높일 수 있고 자연스럽게 수익도 극대화할 수 있다. 특히 법적으로 복잡한 물건, 즉 특수물건 입찰에서 현장조사의 중요성은 아무리 강조해도 지나침이 없다. 여기 효율적인 임장능력에 작은 상상력을 보태 높은 수익을 남긴 사례가 있어 소개한다.

평소 위장임차인 물건에 관심이 많던 H씨는 수원 외곽에 위치한 전용면적 67㎡(20평) 빌라에 주목했다. 네 차례 유찰되어 최저가가 감정가 1억 5,000만원에서 5,300여만원까지 떨어진 물건이었다.

소재지	(16475) 경기도 수원시 팔달구 인계동						
	[도로명] 경기도 수원시 팔달구						
용도	다세대(빌라)		채권자	이○○외1명	감정가	150,000,000원	
대지권	37.129㎡ (11.23평)		채무자	삼라종합건설	최저가	(36%) 53,760,000원	
전용면적	67.23㎡ (20.34평)		소유자	삼라종합건설	보증금	(10%) 5,376,000원	
사건접수	2012-12-05		매각대상	토지/건물일괄매각	청구금액	61,858,600원	
입찰방법	기일입찰		배당종기일	2013-02-28	개시결정	2012-12-06	
기일현황							
회차	매각기일	최저매각금액	결과				
신건	2013-06-24	150,000,000원	유찰				
2차	2013-07-29	120,000,000원	유찰				
3차	2013-08-26	96,000,000원	유찰				
4차	2013-10-07	76,800,000원	유찰				
5차	2013-11-18	53,760,000원	매각				
낙찰 / 입찰1명 / 낙찰 61,300,000원(41%)							
	2013-11-25	매각결정기일	허가				
	2013-12-31	대금지급기한 납부(2013.12.30)	납부				
	2014-01-27	배당기일	완료				
배당종결된 사건입니다.							

이 빌라에는 말소기준권리인 은행의 저당권보다 전입신고가 약 보름 정도 빨라 대항력은 있으나, 확정일자를 뒤늦게 받아 당해 경매 절차 내에서는 한 푼도 배당받지 못하는 임차인이 있었다. 즉, 임차인의 보증금 1억원을 낙찰자가 전액 떠안아야 하는 물건이었다.

시세가 감정가보다 낮은 1억 3,000만~4,000만원 수준이어서 한 번 더 유찰되어야 그나마 손해 없는 수준에서 낙찰받는 물건이었다. 그러나 H씨는 6,100여만원에 응찰하여 단독으로 낙찰받았다.

사건	2012타경62416 부동산강제경매		매각물번호		1	담임법관 (사법보좌관)		장OO
작성일자	2013.11.04		최선순위 설정일자		2003.9.9. 근저당			
부동산 및 감정평가액 최저매각가격의 표시	부동산표시목록 참조		배당요구종기		2013.02.28			
부동산의 점유자와 점유의 권원, 점유할 수 있는 기간, 차임 또는 보증금에 관한 관계인의 진술 및 임차인이 있는 경우 배당요구 여부와 그 일자, 전입신고일자 또는 사업자등록신청일자와 확정일자의 유무와 그 일자								
점유자의 성명	점유부분	정보 출처 구분	점유의 권원	임대차 기간 (점유기간)	보증금	차임	전입신고일자 ·사업자등록 신청일자	확정일자	배당요구여부 (배당요구일자)
문OO	2층202호	현황조사	주거 임차인	2002.07.20~2년	100,000,000				
문OO	전부	권리신고	주거 임차인	2003.8.26.부터 2005.8.26.까지	85,000,000		2003.8.26.	무	2013.02.27

〈 비고 〉

※ 최선순위 설정일자보다 대항요건을 먼저 갖춘 주택,상가건물 임차인의 임차보증금은 매수인에게 인수되는 경우가 발생할 수 있고, 대항력과 우선 변제권이 있는 주택,상가건물 임차인이 배당요구를 하였으나 보증금 전액에 관하여 배당을 받지 아니한 경우에는 배당받지 못한 잔액이 매수인에게 인수되게 됨을 주의하시기 바랍니다.

    H씨의 의심은 처음에는 단순했다. H씨는 임차인이 전입신고한 때로부터 너무 오랫동안 거주했다는 것과 임대차계약서에 확정일자를 받지 않았다는 것에 주목했다. 임차인의 전입신고 시점은 2003년 8월이었는데, 무려 10년 이상을 한자리에서 거주했다는 것이 가장 미심쩍었다. 보증금이 1억원이나 되는 거액임에도 확정일자를 받지 않았다는 것 또한 의문이었다. 보통 공인중개사를 통해 임대차 계약을 체결하면 확정일자를 받아주는 것도 서비스에 포함되어 있어서 확정일자가 누락되는 경우는 드물기 때문이다.

    "아무리 사소한 정황이라도 의심의 끈을 놓지 마라!"

    경매 공부를 하며 귀가 닳도록 들었던 이 문구를 기억하고 있던 H씨는 곧바로 경매법원을 찾아갔다. 법원에 제출된 임대차계약서를 보면 뭔가 단서가 나올 거라 추측하고 경매계를 찾아갔지만 이해관계인 이외에는 열람, 등사가 불가하다는 실망스런 답변만 듣고 발걸음을 돌려야 했다.

그러나 H씨는 포기하지 않았다. 유료정보 사이트의 경매기록을 살피다가 이 물건이 얼마 전 공매로 진행되다가 취하된 사실을 알아냈다. 곧바로 공매를 주관하는 자산관리공사로 달려가 과거 공매자료를 보관하고 있는지 물었다. 집요한 노력 끝에 H씨는 당시 임차인이 제출한 임대차계약서를 입수할 수 있었다.

임대차계약서상 임대인은 법인이었는데, 혹시나 해서 법인 주소지의 항공사진을 띄워보니 거기에는 지은 지 얼마 되지 않은 신축빌딩이 자리 잡고 있었다. 임대차계약서 작성일은 2003년 8월경이었지만 임대인의 주소에는 최근에 지어진 이 빌딩 이름이 기재되어 있었다. 결국 이 계약서는 기재된 작성일이 아니라 이 빌딩이 지어진 최근에 허위로 작성되었음을 강력하게 추정할 수 있었다.

그리고 또 하나, 계약서의 예문에는 "[공인중개사의 업무 및 부동산 거래신고에 관한 법] 제25조3항의 규정에 의거 중개대상…"이라는 문구가 기재되어 있었는데, 확인해보니 [공인중개사의 업무 및 부동산 거래신고에 관한 법]은 예전 부동산중개업법을 바탕으로 새로 제정되어 2006년 1월 30일부터 시행된 법이었다. 따라서 위 계약서상 계약일인 2003년 당시에는 이 법의 명칭조차 존재하지 않았음을 확인할 수 있었다.

이 물건의 임대차계약서가 위조된 것임을 확신한 H씨는 좀 더 적극적으로 증거수집에 들어갔다. 은행에 찾아가 저당권을 설정할 당시 임차인의 정보를 보유하고 있는지 확인해보았다. 그 결과 저당권 설정 계약서에 편철된 임대차관계 확인서에서 현재의 임차인이 공사대금 대신 이 물건을 매물 변제받아 실질적인 소유자로서 거주하고 있다는 사실을 알아낼 수 있었다.

H씨는 결국 저당권 설정 당시에는 임대차계약이 없었고, 그 이후 임대차계약을 체결했다고 해도 이미 선순위 저당권이 존재하는 상황이어서 낙찰자에게는 대항할 수 없다는 확신을 갖고 이 물건에 입찰하여 단독으로 낙찰받았다.

필자가 대리하여 진행한 명도소송 1심에서 임차인은 보증금 1억 원에서 한 푼도 양보할 수 없다고 강경하게 대응했다. 그러나 워낙 쟁점이 분명한 터라 어렵지 않게 승소했다. 대법원까지 가겠다며 큰소리치던 임차인은 사기죄 등 형사고소까지 불거질 수 있는 사안이다 보니 항소를 포기하고 제 발로 나갔다. 결국 채 1년도 되지 않아 H씨는 수익을 챙길 수 있었다.

위장임차인이나 허위 유치권이 신고된 물건의 경우 사소한 의문이라도 해소될 때까지 의심의 끈을 놓지 않는 끈기, 상식의 틀을 벗어난 작은 상상력 그리고 효율적인 임장능력만 있으면 누구든 알찬 수익을 낼 수 있음을 명심하자.

> **정 변호사의 원포인트 코칭**

이 사건의 물건은 임차인이 진정한 임차인이 아니라 공사업자였다는 데 특색이 있다. 공사업자가 공사대금을 못 받을 경우 자신이 시공에 관여한 건물의 일부 호수를 대물로 받는 사례가 종종 있다.

이때 대물로 받고 거주하면 소유자로서 점유하는 것이지 임차인으로서 점유하는 것이 아닌 만큼 낙찰자에게 임차인의 권리인 대항력을 주장할 수 없다. 즉, 매각물건명세서에 낙찰자가 임차인의 보증금을 인수해야 한다고 기재되어 있어도 보증금을 인수할 필요가 없다는 말이다.

그러나 소유자로서 점유하던 공사업자 입장에서는 해당 건물이 경매에 들어가면 낭패다. 이럴 경우 자구책으로 해당 건물에 대한 유치권을 주장하거나 임차인으로서 권리를 주장하게 된다. 해당 건물 주소지에 전입신고가 되어 있고 전입신고 전에 가압류나 근저당권 등 다른 권리가 설정된 바 없다면 공사업자가 임차인 행세하기에 딱 좋은 상황이 된다. 이 경우 뒤늦게 임대차계약서를 만들면서 날짜를 소급하여 애초부터 임차인으로 점유한 것처럼 행세하는 것이다. 신축빌라의 경우 이런 사례가 많은데, 이 경우 임대차계약은 통정허위표시로 무효가 되며 낙찰자에게 대항력을 행사할 수 없다.

> 통정허위표시란 상대편과 짜고 하는 가짜 의사표시다. 예를 들어 채권자의 압류를 피하려는 의도로 타인과 통정하여 부동산 명의를 타인에게 이전하는 경우 그 매매는 허위표시가 된다.

이처럼 위장임차인이 발생할 수 있는 다양한 경우의 수를 미리 공부해두면 뜻밖에 좋은 물건과 만날 수 있다.

경 매 의 전 설 | *또 다 른 이 야 기*

낙찰보다 낙찰 후의 리폼이 더 중요하다

수없이 많은 패찰을 거듭한다면 자신의 입찰전략을 냉정히 돌아볼 필요가 있다. 당신은 아직도 평균 급매가 기준에서 10%를 차감한 금액 이하로 입찰가를 산정하는가? 그 어려운 경매이론을 돈 주고 배웠으니 최소한 일반매매로 사는 것보다 10%는 싸게 사야 만족하는가? 그런 생각은 이미 10년 전에 버렸어야 한다.

요즘 경매시장에서는 권리관계가 복잡한 특수물건 경매가 아니고서야 낙찰과 동시에 수익을 내기가 쉽지 않다. 과거 경매 책들에서 회자되던 '경매는 시작부터 이기는 게임'이라는 명제는 이제 더 이상 설 자리가 없어진 지 오래다.

그럼에도 여전히 급매보다 싸게 살 수 있고, 공인중개사 수수료를 절약할 수 있으며, 다양한 물건을 접하면서 어떻게 활용할까 구상해보는 재미를 누릴 수 있는 것이 바로 경매다. 특히 낙찰을 통한 수익이 아니라 인테리어나 간단한 리노베이션을 통한 가치 증대 및 낙찰 물건의 다양한 용도 활용은 경매의 매력을 배가시킨다.

필자는 과거 시내의 요지에 위치한 사우나 시설을 낙찰받아 새로운 감각으로 인테리어한 뒤 다년간 운영해본 경험이 있다. 기존 사우나의 천편일률적인 인테리어에 식상한 손님들을 위해 인테리어 시 다양한 감각과 아이디어를 총동원했다. 사우나를 찾은 사람들이 걸으며 지압할 수 있도록 주요 동선에 예쁘게 색칠한 조약돌을 심어 지압길을 마련하니 산책도 하고 건강도 챙길 수 있다며 반응들이 대단했다.

또한 지압길 길목에 다양한 유형의 예술품들을 걸어놓아 마치 미술관에 온 듯한 느낌을 주었고, 버려진 공간을 이용하여 매주 테마가 있는 영화를 상영하는 소극장으로 활용했다. 이렇게 사우나를 운영하다가 가치가 높아지자 원룸업자에게 매각했다. 필자와는 달리 사우나가 사양산업이어서 전망이 좋지 않다고 판단했다면 어떻게 해야 할까? 처음부터 원룸으로 개조하여 임대하거나, 시장에서 요구하는 임대 수익률에 맞춰 제값 받고 매각할 수도 있을 것이다.

지은 지 오래된 모텔은 리모델링 비용도 만만치 않다. 뿐만 아니라 외관이 세련되지 못해 설령 돈 들여 리모델링한다고 해도 경쟁력이 떨어지게 마련이다. 이럴 때는 저가에 낙찰받아 과감히 원룸이나 고시텔로 용도전환을 해보자. 용도변경 허가 등 행정적인 문제만 제대로 처리할 수 있다면 경매의 좋은 수익모델이 될 수 있다.

특히 모텔이나 사우나처럼 용도가 제한된 업종의 매물들은 수요층이 한정되므로 상당히 저가에 매입할 수 있다. 게다가 이런 매물에는 늘 거액의 유치권 신고가 따라붙는데, 대부분 유치권이 성립되지 않는 시설 유치권이거나 소유자가 저가낙찰을 노리고 허위로 유치권을 신고하는 경우가 많다. 따라서 옥석만 가려낼 수 있다면 제법 높은 수익을 낼 수 있다.

가끔 건물만 입찰이라는 이름으로 토지 없이 건물만 감정평가해 경매를 진행하는 경우가 있다. 이런 경우 토지소유자가 건물을 철거하거나 지료를 청구할 수 있고, 지상 건물을 시세대로 매도하라는 '구분소유권매도청구권'도 행사할 수 있어 해결이 쉽지 않다. 토지소유자는 어떻게든 건물을 헐값에 매수하려고 다양한 방법으로 건물낙찰자를 압박한다. 건물소유자 역시 어떻게든 방어하면서 토지를 저가에 매수하려고 하기 때문에 팽팽한 줄다리기가 장기화될 수 있다. 이런 어려움 때문에 '건물만 입찰' 매물은 몇 번이고 유찰을 거듭하는데, 이러한 매물을 잘만 활용하면 저가에 낙찰받아 쏠쏠한 수익을 챙길 수 있다.

A씨는 건물철거 판결이 확정된 신축빌라 매물을 한 채당 평균 1,500만원씩 3채 낙찰받아서 전부 월세를 놓아 매달 적지 않은 임대수익을 챙기기도 했다. 건물만 있고 토지가 없는 매물은 제값 받고 전세 놓기는 어렵지만, 보증금이 작은 월세로 전환하면 입지만 좋아도 수요는 넘쳐난다. 월세가 보증금 500만원에 45만원이므로 한 채당 실투자금은 1,000만원에 불과한데 매달 45만원씩 임료를 받으니 단순 수익률로 따져도 나쁘지 않은 투자다. 물론 토지소유자에게 지료를 줘야 한다지만, 실제 건물소유자가 자발적으로 주지 않는 이상 토지소유자가 지료를 제때 받기는 쉽지 않다.

아무리 단기간 수익률이 좋아도 건물이 철거되면 오히려 큰 손해 아니냐는 의문이 들 수도 있다. 그러나 A씨가 낙찰받은 빌라는 법적으로는 철거판결이 나 있어도 사실상 철거가 불가능한 건물이었다. 그만큼 철저한 조사를 거쳐 철거 관련 리스크를 온전히 통제한 후 입찰했다는 얘기다.

B씨는 건물만 입찰 물건을 헐값에 낙찰받아서 전세를 놓아 투자금의 배 이상을 회수하기도 했다. 토지소유자로부터 건물을 철거하라는 압박이 있는 물건이었지만 입지가 좋아 전세수요가 풍부한 지역에 있는 빌라였다. 이 경우 역시 A씨의 사례와 마찬가지로 사실상 철거가 불가능했다. 토지와 건물이 온전히 갖추어져 있을 때의 전세보증금은 2억원이었지만 건물만 있는 위험한 물건이라는 이유로 B씨는 지인에게 1억원에 전세를 주었다.

당시 B씨가 이 빌라를 낙찰받는 데 들인 비용은 5,000만원이 채 되지 않았다. 비록 시세의 반값에 전세를 놓았지만, 임대수익보다는 목돈이 필요했던 B씨로서는 전세금을 투자금의 배 이상 확보하여 새로운 투자를 할 수 있었으니 더할 나위 없이 좋은 투자였다. 같은 평형대 신축빌라에 전세로 들어가려면 2억원이 필요한데, 지인의 도움으로 반값에 전세를 얻었으니 임차인에게도 나쁘지 않은 거래였다.

또 하나 예를 들어보자. 선순위 가등기가 있는 물건은 낙찰을 받아도 가등기가 말소되지 않는 이상 임대 놓기가 쉽지 않다. 그러나 C씨는 가등기말소소송을 진행하는 동안 기존 임차인과 재계약하여 투자금액을 거의 회수했다. 물론 가등기말소소송은 필자가 대리하여 깔끔하게 승소하였고 그 후 C씨는 임차인에게 넉넉한 프리미엄을 얹어 매각했다.

이렇듯 경매에서는 낙찰도 중요하지만, 낙찰 후 그 물건을 어떻게 활용하느냐에 따라 수익률에 크게 차이가 나기도 한다. 지하상가라는 이유로, 거액의 유치권이 신고되어 있다는 이유로 감정가의 20%까지 떨어져 있는 상가를 찾아냈다면 가만히 눈을 감고 그 상가의 미래를 그려보자. 손님들로 북적이는 마트가 그려지거나, 스크린 골프장의 활기찬 소음이 연상되거나, 아이들의 웃음소리가 끊이지 않는 태권도장이 떠오른다면 경매로 성공할 자격이 충분하다.

이기는 경매 전략

무상임대차각서 맹신은 금물, 그렇다고 불신도 금물

특수물건 중에서도 위장임차인 물건은 고수익을 노리는 경매인들에게 단연 인기다. 복잡한 법리가 필요하지 않고 발품만 부지런히 팔면 되니 누구나 접근이 쉬워서다. 그런데 요즘 위장임차인 물건과 관련하여 '무상임대차각서'가 실무상 많은 문제가 되고 있다.

'무상임대차각서'란 한마디로 임차인이 '자신은 진정한 임차인이 아니고 무상으로 거주하는 사람이다'라는 내용으로 집주인에게 써주는 확인서다. 갑자기 급전이 필요해 대출을 받아야 하는데 담보로 제공할 집에 대항력 있는 임차인이 거주하면 대출이 많이 안 나오니, 집주인이 은행에 제출하기 위해 임차인을 설득해서 받는 것이다. 실제로는 진정한 임차인이지만 이런저런 이유로 집주인의 부탁을 차마 거절하지 못하고 무상임대차각서를 써주는 임차인이 적지 않다.

이 무상임대차각서가 존재하면 사람들은 무조건 위장임차인이라고 추측하는 경향이 있는데 법리적으로 반드시 그렇지는 않다. 무상임대차각서의 효력에 관한 대법원 판례에 따르면, 그들은 진정한 임차인이 맞다. 그러나 은행에 무상임차인이라는 신뢰를 주었기 때문에 민사법의 대원칙인 '신의칙'상 은행에 진정한 임차인이라고 주장

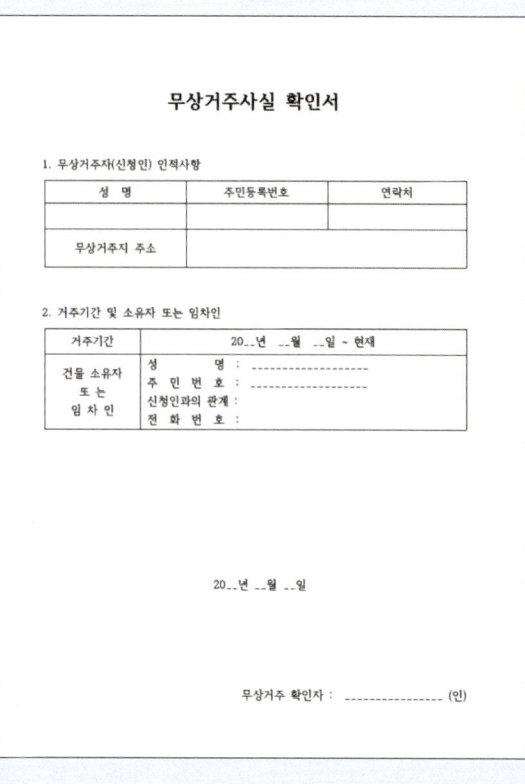

하지 못할 뿐이다. 반면에 임차인 입장에서 볼 때 적어도 낙찰자에게는 자신이 무상임차인이라는 신뢰를 준 적이 없기에 무상임대차각서가 있음에도 불구하고 자신의 보증금 전액을 낙찰자에게 떠넘기는 경우가 있다. 그래서 실무상 종종 분쟁이 발생하곤 한다.

한 예를 살펴보자. 몇년 전 분당의 중대형 아파트가 경매로 나왔다. 향, 층, 입지, 브랜드 모두 나무랄 데 없는 대단지 아파트였다. 한 차례 유찰을 걸쳐 당시 최저가는 감정가 대비 64%대. 감정가가 상승기의 시세를 제대로 반영하지 못해서 시세 대비 60%로 낙찰받을 수 있는 물건이었으나 문제는 대항력 있는 임차인이 있다는 것이었다. 임차인의 보증금 액수가 2억원을 훌쩍 넘어 낙찰자가 이를 전액 인수할 경우 낙찰받으면 오히려 손해였다. 한 차례 더 유찰이 불가피했으나, 매각물건명세서상 공지된 임차인의 확정일자만 놓고 봤을 때는 임차인이 1순위로 보증금을 전액 배당받을 것으로 보이는 물건이었다.

이 물건을 A씨가 낙찰받았다. 물론 임차인이 진짜여서 당해 경매 절차에서 전액 배당받으므로 인수할 보증금은 한 푼도 없다는 나름의 판단을 거친 뒤였다. 당시 필자는 A씨가 낙찰받은 사실도 모르고 있

소재지	(13597) 경기도 성남시 분당구 수내동 27 양지마을				
	[도로명] 경기도 성남시 분당구 내점로 (수내동양지마을)				
용도	아파트	채권자	에스비아이저축은행	감정가	700,000,000원
대지권	69.95㎡ (21.16평)	채무자	고	최저가	(70%) 490,000,000원
전용면적	134.48㎡ (40.68평)	소유자	강	보증금	(20%) 98,000,000원
사건접수	2014-01-17	매각대상	토지/건물일괄매각	청구금액	900,000,000원
입찰방법	기일입찰	배당종기일	2014-03-31	개시결정	2014-01-20

회차	매각기일	최저매각금액	결과
신건	2014-08-18	700,000,000원	변경
신건	2014-12-29	700,000,000원	유찰
2차	2015-02-02	490,000,000원	매각
박/입찰9명/낙찰669,999,900원(96%)			
2등 입찰가: 651,800,000원			
	2015-02-09	매각결정기일	불허가
2차	2015-04-13	490,000,000원	매각
전/입찰5명/낙찰671,049,000원(96%)			
2등 입찰가: 650,780,000원			
	2015-04-20	매각결정기일	허가
	2015-05-21	대금지급기한	미납
2차	2015-06-22	490,000,000원	매각
원 외1명/입찰5명/낙찰603,800,000원(86%)			
2등 입찰가: 551,600,000원			
	2015-06-29	매각결정기일	변경
2차	2016-01-18	매각결정기일	허가
	2016-02-23	대금지급기한	미납
2차	2016-03-28	490,000,000원	매각
오/입찰3명/낙찰586,160,000원(81%)			
2등 입찰가: 545,000,000원			
	2016-04-04	매각결정기일	허가
	2016-05-04	대금지급기한 납부(2016.05.04)	납부
	2016-06-02	배당기일	완료

었는데, 얼마 후 A씨가 전화를 했다. 평소 차분한 성격인 A씨답지 않게 뭔가 심상치 않은 분위기가 느껴져 경매 사고가 났음을 직감했다.

A씨에 따르면, 대출 당시 은행이 임차인에게서 무상임대차각서를 징구해두었고 이를 근거로 곧바로 배당이의소송을 제기할 예정이라는 말을 낙찰받은 뒤에야 들었다고 한다. 무상임대차각서가 있다면 신의칙상 은행에 대항할 수 없으니 배당이의소송은 결국 은행의 승소로 귀결될 것이 확실했다. 그렇다면 대항력은 있는데 한 푼도 배당받지 못하는 임차인의 보증금을 전액 낙찰자가 떠안을 수밖에 없었다. 그러면 손해가 이만저만이 아닌 데다가 6,700여만원에 달하는 보증금을 포기할 수도 없으니 A씨로서는 정말 난망한 상황이었다.

사실 법원에서 제공하는 문건접수 내역을 꼼꼼히 검토했다면 은행에서 무상임대차각서를 받아두었다는 사실을 알아챌 수 있었다. 거기에 배당배제신청서까지 제출했으니 임차인이 당해 경매절차에서는 배당을 못 받을 수도 있다고 판단했어야 옳다. 그러나 법률전문가가 아니다보니 매각물건명세서에 기재된 것만으로 전액 배당받는 임차인이라고 판단할 수밖에 없었던 A씨를 탓할 수도 없었다.

물론 무상임대차각서를 써주었다가 뒤늦게 말을 바꾼 임차인보다는 무상임차인이라 믿고 고가에 입찰한 낙찰자의 보호 필요성이 더 크다는 이유로 소송을 해볼 만했다. 그러나 A씨는 불허가로 보증금을 되찾기를 원했다.

울먹이는 A씨를 대신해서 필자가 경매계에 직접 전화를 걸어 담당계장에게 이러저런 사정을 설명했다. 이 사건에서 낙찰자가 임차인의 보증금을 떠안아야 하는데 그런 내용이 매각물건명세서에는 전혀 공지가 안 되어 있으니, 매각불허가 결정을 내려 낙찰자가 보증금을 찾을 수 있도록 해달라고 정중히 요청했다. 실무상 이런 일이 흔치 않은 터라 긴가민가 고민하는 눈치였지만, 관련 판례까지 팩스로 넣으며 설득했더니 신중히 고민해보겠다는 답변이 돌아왔다. 결국 다음 날 매각불허가결정이 났고, 천만다행으로 A씨는 입찰 보증금을 찾을 수 있었다.

그런데 얼마 전 이 물건이 어떻게 진행되고 있나 궁금해 유료정보 사이트를 검색해보았더니 그 후에도 이 물건은 한 번 더 낙찰이 되었다. 응찰가도 꽤 높았던 걸보면 누군가가 A씨와 똑같은 함정에 빠진 것으로 보였다. 호기심에 잔금납부 과정을 계속 지켜보았는데 낙찰자는 결국 불허가 결정을 받지 못하고 잔금을 미납했다. 입찰보증금은 당연히 몰수. 한 번의 실수로 피 같은 목돈을 허공에 날려버린 것이다.

평소 필자는 강의할 때 누누이 강조한다. 특수물건은 결코 고위험, 고수익(High Risk, High Return)의 영역이 아니라 원금손실의 가능성이 철저히 통제된 상태에서 응찰해야 하는 가장 안전한 투자영역이라고.

무상임대차각서가 있다고 함부로 위장임차인으로 단정하거나, 임차인의 보증금을 인수하지 않을 거라고 맹신하면 작지 않은 금전적 손실을 입을 수 있다. 앞으로 위장임차인 물건을 접할 때는 이 사실을 꼭 명심하자.

그 후 이 물건은 어떻게 되었을까

운명의 장난은 참 얄궂기도 하다. 이 일이 있고 약 1년여가 지난 어느 날 사건 상담차 의뢰인이 찾아왔다. 내용을 들어보니 익숙한 구석이 있어 혹시 이 아파트 임차인이시냐고 물었더니 맞다고 했다.

낙찰자가 자신을 상대로 소송을 제기해왔는데 어떻게 대응해야 할지 몰라 찾아왔다고 했다. 무상임대차각서를 써준 사실이 있느냐고 물었더니, 집주인이 아내의 친인척인데 당시 너무도 간절히 부탁해서 써줬다는 것이다. 상담 말미에 자신들의 전 재산이나 다름없는 보증금이니 꼭 지켜달라며 부탁을 거듭했다.

사정은 안타까웠지만 무상임대차각서를 써준 것이 사실이고 이 사실이 경매절차에 드러난 이상, 이를 믿고 응찰한 입찰자의 신뢰도 보호할 필요가 있기 때문에 쉽게 이기기는 어려워보였다.

앞에서 A씨의 보증금을 찾아줄 때의 논리로는 설득력이 많이 약했다. 그래도 대법원 판례가 불분명했기에 임차인 보호의 필요성을 강조하는 논지를 구성해 최선을 다해 변론했다. 다행히 1심에서는 이겼지만, 상대가 항소한 2심에서는 안타깝게도 패소했다. 1심이 있고 얼마 후에 이 사건과 유사한 사건에서 임차인보다는 낙찰자를 보호해야 한다는 대법원 판례가 나왔다는 이유가 컸다.

즉, 무상임대차각서를 써준 임차인이 진정한 임차인이라는 전제 하에 당해 경매절차에서 권리를 주장했다고 해도, 이 각서의 수령인인 은행 측에서 무상임대차각서의 존재를 밝히고 배당배제신청을 하는 등 임차인이 무상임차인임을 밝히는 행위를 했다. 그랬다면 이를

사건	2014타경14** 부동산임의경매		매각물건번호	1	담임법관 (사법보좌관)	박OO
작성일자	2016.03.10		최선순위 설정일자		2012.4.10. 근저당권	
부동산 및 감정평가액 최저매각가격의 표시	부동산표시목록 참조		배당요구종기		2014.03.31 / / / / / / /	

부동산의 점유자와 점유의 권원, 점유할 수 있는 기간, 차임 또는 보증금에 관한 관계인의 진술 및 임차인이 있는 경우 배당요구 여부와 그 일자, 전입신고일자 또는 사업자등록신청일자와 확정일자의 유무와 그 일자

점유자의 성명	점유부분	정보 출처 구분	점유의 권원	임대차 기간 (점유기간)	보증금	차임	전입신고일자 · 사업자등록 신청일자	확정일자	배당요구여부 (배당요구일자)
김OO	미상	현황조사	주거 임차인	2006.9.4.부터 현재까지	2억3천만원	없음	2006.09.04	미상	
	전부	권리신고	주거 임차인	2004.12.24.부터	228,000,000		2006.9.4.	2006.4.30.	2014.03.25

〈 비고 〉

※ 최선순위 설정일자보다 대항요건을 먼저 갖춘 주택.상가건물 임차인의 임차보증금은 매수인에게 인수되는 경우가 발생할 수 있고, 대항력과 우선 변제권이 있는 주택.상가건물 임차인이 배당요구를 하였으나 보증금 전액에 관하여 배당을 받지 아니한 경우에는 배당받지 못한 잔액이 매수인에게 인수되게 됨을 주의하시기 바랍니다.

믿고 매수가격을 결정한 낙찰자의 신뢰를 존중하여 임차인이 낙찰자에게 보증금을 돌려달라고 주장할 수 없다는 취지로 대법원이 입장을 정리한 것이다.

이는 무상임대차각서 제출 및 배당배제신청 등으로 채권은행의 신뢰가 당해 경매절차에까지 이어졌다면, 무상임대차각서를 써준 임차인은 결국 대항력을 상실한다는 의미다. 그러므로 임차인 입장에서는 비록 호의라도 함부로 무상임대차각서를 써줘서는 안 될 것이다.

여기까지는 판례가 분명하니 임차인이 조심하면 되겠지만, 실무에서 이 대법원 판례와는 또 다른 사안이 문제가 된 경우가 있었다. 무상임대차각서를 작성해준 임차인이 당해 경매절차에서 권리신고

및 배당요구까지 하여 자신이 진정한 임차인이라는 사실을 공고히 하였고, 채권은행에서도 무상임대차각서가 있다는 사실을 당해 경매절차에서 미처 밝히지 못한 상태로 경매가 진행된 사안이었다.

앞선 판례의 기준대로라면 임차인이 낙찰자에게 대항력을 행사할 수 있어야 옳다. 그러나 이 사안에서 최근 대법원은 임차인이 확정일자에 기해 배당요구를 하였고 이에 기해 보증금을 전액 배당받을 수 있으리라는 신뢰하에 낙찰자가 입찰가를 산정했다면, 임차인은 낙찰자에게 대항력을 행사할 수 없다는 취지로 판시하였다.

결국 무상임대차각서가 경매절차에 드러나지 않았다고 해도 낙찰자가 이 임차인이 진정한 임차인이어서 보증금을 전액 배당받을 수 있으리라고 신뢰하고 입찰가를 높게 산정했다면, 그 신뢰를 존중하여 낙찰자에게 보증금을 인수시킬 수 없다는 것이다.

이로써 무상임대차각서를 써준 임차인이 낙찰자에게 대항력을 행사할 수 있는 경우는 거의 없어졌으니 임차인으로서는 거듭 주의할 일이다.

그러나 대법원 판례의 취지대로라면 은행이 무상임대차각서를 징구해두었더라도 경매법원에 제출하는 등 경매절차에서 드러난 바가 없고, 임차인 또한 배당요구를 하지 않아 당해 경매절차에서 보증금을 전액 배당받으리라는 신뢰를 낙찰자에게 부여한 적이 없다면 임차인이 대항력을 인정받을 수도 있으니 주의를 요한다. 결국 이 사건의 의뢰인은 인정에 못 이겨 무상임대차각서에 서명날인해준 죄 아닌 죄로 전 재산을 잃는 혹독한 대가를 치러야 했다.

어찌 보면 이 또한 경매의 또 다른 수익모델이라 부를 만하다. 그러나 필자는 이러한 유형을 경매의 수익모델이라고 하고 싶지 않다. 우리 목표는 단지 부자가 되는 것이 아니라 행복한 부자가 되는 것이기 때문이다.

어느 누군가의 비참한 희생을 대가로 하여 얻은 수익으로 과연 행복해질 수 있을까?

종잣돈 없이
경매하는 방법

    경매를 처음 시작할 때 가장 많이 고민하는 것이 바로 종잣돈이다. 경매라는 것이 법원의 중개로 부동산을 사고파는 일이다보니 목돈이 필요하지 않을까 싶어 경매 입문을 주저하는 사람들이 많다. 그러나 필자는 오래전부터 종잣돈을 걱정하기보다는 당장 집약적인 경매공부부터 시작하라고 조언해왔다. 경매실력이 쌓이고 좋은 물건을 선별할 줄 아는 혜안을 갖추면 어떻게든 길이 보이기 때문이다. 이 말은 필자가 경매인들을 독려하기 위해 으레 하는 과장 섞인 말이 아니다. 여기 다양한 실례들이 있다.

    지방의 한 소도시에 빌라가 한 채 경매로 나왔다. 전용면적 59㎡(18평)짜리 번듯한 빌라로, 최초 감정가는 3,000만원이었지만 수차례 유찰되어 최저가가 감정가의 5%선인 150만원대로 떨어진 상태였다. 그마저도 몇 차례 미납으로 입찰보증금이 최저가의 20%인 불과 30

만원이었다.

　소도시였지만 번화가에 위치해 기본적인 매매수요와 임대수요를 갖춘 이 빌라가 이렇듯 많이 떨어진 이유는 무엇이었을까? 바로 대항력 있는 임차인의 존재 때문이었다. 임차인의 전입신고일자가 경매신청권자의 채권설정일자보다 빨라 낙찰자가 임차인의 보증금을 전액 인수해야 했는데, 임차인의 배당요구로 드러난 보증금은 2,500만원이었다. 결국 이 금액을 낙찰자가 인수해야 하다보니 하염없이 유찰을 거듭했던 것. 그런데 이 물건에는 허점이 하나 있었다. 법원에서 제공하는 현황조사 보고서에 '본 빌라 전체가 ○○전력 직원들을 위한 숙소로 이용 중'이라고 기재되어 있었던 것이다.

　보통 사람들은 별다른 의문 없이 지나칠 문구였겠지만, 경매공부를 열심히 한 P씨에게는 벼락처럼 뇌리를 울리는 문구였다. 회사가 직원 숙소용으로 임대차계약을 체결하면서 거주하는 직원 명의로 전입신고를 한 경우에는 대항력이 없다는 판례가 불현듯 떠올랐던 것이다. 설레는 마음으로 법원 경매계에 확인해보니 예측했던 대로 임대차계약서의 작성 명의자는 배당을 요구한 개인이 아니라 ○○전력이었다. 그리고 전입란에는 회사의 직원 이름이 쓰여 있었다. 결국 이 임차인은 대항력이 없어 낙찰자가 떠안아야 할 보증금은 한 푼도 없었다. 이 물건을 낙찰받기 위해 필요한 돈은 입찰보증금 단돈 30만원. 낙찰받은 뒤 잔금을 치르기까지 약 한 달 정도의 시간이 주어지므로, 그동안 발 빠르게 움직여서 새로 임차인을 들이거나 기존 임차인을 잘 설득하여 재계약한다면 그 계약금으로 낙찰 잔금을 내고도 수익이 남는 물건이었다.

또 하나 예를 살펴보자. 한 아파트 지분이 경매로 나왔다. 부부로 추정되는 공유자 1인의 지분이다보니 두세 차례 유찰은 기본인지라 이 물건도 두 차례 유찰을 거쳐 감정가의 64%대까지 떨어져 있었다. 최저가는 6,000만원대. 낙찰을 받으려면 입찰보증금으로 600여만원이 필요한 상황이었다. 그러나 K씨의 수중에는 돈이 한 푼도 없었다. 여기저기 알아보다 마지막으로 직장인 신용대출을 알아보니 6%대 이자로 1,000만원까지 즉시 대출이 가능하다는 말을 들었다. 현장조사를 하다가 이 물건의 치명적인 매력을 간파한 K씨는 곧바로 대출받아 응찰했고, 지분물건임에도 경쟁이 좀 있으리라 예상하고 입찰가를 조금 올려 무난히 낙찰받았다. 그러고는 곧바로 다른 지분권자를 찾아가 협상을 벌였다.

현장조사 시 K씨가 주목했던 것은 공유자 둘이 부부인데 사이가 원만하다는 것, 부인이 경매절차를 취하하기 위해 백방으로 노력하고 있으나 남편 지분에 걸려있는 채권액이 커서 여의치 않다는 것이었다. 앞서 말한 이 물건의 치명적인 매력이란 바로 이 부분이었다. 부인이 경매절차를 취하하려고 노력하고 있어서 어렵지 않게 협상이 가능하다는 것!

그리고 무엇보다 K씨의 관심을 끌었던 중요 포인트는 공유자의 다른 지분은 그 흔한 가압류 하나 없이 깔끔하다는 것이었다. 이 물건의 가치를 제대로 파악한 K씨는 적절히 협상을 벌여 낙찰받은 지 하루 만에 1,000만원을 더 얹어서 다른 지분권자에게 되팔기로 구두로 합의했다.

경매채무자의 지분에 시가를 넘어서는 가압류 등이 설정되어 있어 대환대출로는 경매를 취하하기 어렵다. 하지만 경매로 낙찰되면 지분권자의 등기부가 깔끔해지니 대출을 받아 K씨의 지분을 다시 매입하면 될 것이라는 K씨의 성심어린 조언에 다른 지분권자인 부인이 진심으로 고마워했다고 한다. 이 물건에 투입된 K씨의 자기자본은 단지 1,000만원을 대출받으면서 지급한 한 달 치 이자뿐이었다. 요즘 유행하는 수익률로 환산하면 10,000% 이상이다.

마지막으로 특수물건의 사례를 살펴보자. 전라도 목포 시내에 위치한 전용면적 59㎡(18평)짜리 아파트가 감정가의 40%대까지 떨어져 있었다. 최저가는 4,000만원대. 입찰보증금으로 400만원이 필요한 상황이었다.

그런데 이 물건의 문제점은 최선순위로 가등기가 설정되어 있다는 것이었다. 가등기가 만약 소유권보전가등기로 판명되면 낙찰자는 잔금을 내고도 소유권을 가등기권자에게 빼앗길 수 있어 꽤나 위험부담이 있는 물건이었다. 그러나 O씨는 강의시간에 배운 대로 꼼꼼한 현장조사에 들어갔다. 그 결과 비록 외관상으로는 낙찰자가 인수해야 하는 소유권보전가등기로 보이지만, 실상은 말소 가능한 담보가등기라는 사실을 알아내고 과감하게 응찰하여 단독으로 낙찰받았다.

곧바로 소유자를 찾아간 O씨는 "어차피 말소될 가등기인데 굳이 시간과 비용을 들여가며 소송까지 갈 필요가 있을까요?"라며 정중히 설득했다. 그러자 소유자는 조만간 경매신청 채권을 갚아버리고 경매를 취하할 예정이었는데 뜻밖에도 이번 기일에 낙찰되었다면서, 입찰보증금에 합의금 명목으로 500만원을 더 줄 테니 경매취하에 동의해달라고 통사정했다. 낙찰 전이라면 채무자가 언제든 채권자와 협의하여 경매를 취하할 수 있지만, 일단 낙찰이 되면 낙찰자의 동의가 있어야만 경매취하가 가능하기 때문이다.

소유자는 선순위 가등기가 있으니 사람들이 감히 입찰하지 못할 것으로 생각해서 방심했다며 거듭 호소했다. 가등기를 말소한 뒤 제값에 팔면 나름대로 적지 않은 수익이 보장될 터였지만, 소유자의 딱한 처지를 동정하여 O씨는 합의금 500만원을 받고 취하 동의서에 흔쾌히 도장을 찍어주었다. 소유자가 진심으로 고마워했음은 두말할 나위가 없다. 낙찰 후 며칠 만에 입찰보증금의 배 이상을 현금으로 벌어들였으니 수익률이 얼마인지 가늠조차 어렵다.

어떤가, 당신이 아직도 경매로 성공하지 못한 것이 종잣돈 때문이라고 생각하는가? 이 사례들은 종잣돈 없이도, 혹은 누구나 쉽게 마련할 수 있는 작은 종잣돈으로도 경매투자를 할 수 있음을 보여주는 멋진 사례들이다.

그렇다면 앞으로 우리가 해야 할 일은 분명해졌다! 더 이상 죄 없는 종잣돈을 핑계 삼아 행복한 부자의 꿈을 뒤로 미루지 말고 지금부터라도 당장 머리띠 질끈 동여매고 경매공부를 시작하는 것이다. 지치지 않고 꾸준히 공부한다면, 지금 경매 책 한 권 사느라 들인 돈이 당신의 성공적인 앞날에 필요한 종잣돈의 전부일 수도 있다는 사실을 부디 명심하자.

> **정 변호사의 원포인트 코칭**

경매공부를 하다보면 세상의 모든 물건이 매력적으로 보이고 전부 다 낙찰받고 싶은 충동이 들 때가 있다. 그때 가장 답답하게 우리 가슴을 옥죄는 것이 바로 종잣돈이다. 종잣돈이 한정되어 있다는 생각에 비참해지고 때로는 울분까지 차오른다. 누구는 날 때부터 금수저를 물고 태어나 별다른 노력 없이도 호의호식하고, 누구는 가난의 굴레를 벗어나고자 아무리 애를 써도 그깟 종잣돈 몇천만원이 없어 이렇듯 실의에 빠져야 하나 하는 비참한 울분 말이다.

그러나 삶이 유한하기에 더욱 아름답듯, 종잣돈은 한정되어 있기에 더욱 가치가 있는 법이다. 한정된 종잣돈으로 작은 물건부터 차근차근 경험을 쌓아가다보면 어느 순간 큰 물건에 도전할 만큼 지혜와 배포가 생긴다. 그때가 실패 없이 큰돈을 벌 수 있는 최상의 타이밍이다.

종잣돈 문제로 인생을 한탄할 시간에 꾸준히 공부하고 경험하여 누구도 무시할 수 없는 실력을 쌓으면 더 이상 종잣돈은 문제도 아니다. 당신의 능력에, 지혜에, 배포에 투자할 사람이 세상에는 많고도 많은 까닭이다.

그러나 종잣돈이 많아 진지하고 깊이 있는 경험을 해보지 못한 사람들은 결국 큰 물건에서 실패할 수 있다. 한 방에 종잣돈을 날려버릴 위험이 늘 상존하는 것이다. 어쩌면 종잣돈이 작다는 것은 당신을 사랑하고 아끼는 신의 배려일 수도 있다.

이기는 경매전략

잘못 낙찰받은 물건의 입찰보증금, 어떻게 되찾을 수 있을까?

요즘은 경매지식이 많이 보편화되다보니 입찰하는 사람들이 많아지면서 낙찰받고도 잔금을 미납하는 사례도 늘고 있다. 금쪽같이 소중한 보증금을 한순간 잃어버리는 사례가 증가하고 있다는 말이다.

경매투자의 세계에서는 '아예 모르는 것보다 어중간한 지식으로 응찰하는 것'이 더 위험하다. 아예 모르면 두려워서 응찰을 삼가고, 제대로 알면 경매의 매력을 만끽하며 고수익을 낼 수 있다. 그러나 어중간한 지식으로 응찰하면 경매 사고의 가능성을 높일 뿐이다. 그중에서 가장 빈번한 것이 바로 보증금을 잃는 것이다.

경매에서 실패 없이 성공할 수 있는 유일한 방법은 다양한 위험요소 사례들을 끊임없이 공부하여 이를 말끔히 근절한 상태에서 낙찰받는 것이다. 그러나 조금만 방심해도 경매 사고, 즉 보증금을 떼일 가능성이 상존하는 것이 경매시장이다. 이러한 위험에 직면했을 때 어떻게 대처해야 할지 함께 알아보자.

약 3년 전 용인시에 있는 대단지 아파트가 경매에 나왔다. 향이나 층, 입지, 크기 등이 나무랄 데 없어 선호도가 높은 아파트였다. 그런데 무슨 사정인지 감정가 2억 7,000만원인 아파트가 무려 다섯 차례

소재지	(17079) 경기도 용인시 기흥구 보라동 ▓▓▓▓▓▓▓▓▓▓▓▓▓▓▓▓▓▓▓▓					
	[도로명] 경기도 용인시 기흥구 ▓▓▓▓▓▓ (보라동)					
용도	아파트	채권자	농업회사법인청남	감정가		270,000,000원
대지권	53.4993㎡ (16.18평)	채무자	초림축산	최저가	(23%)	61,932,000원
전용면적	84.9037㎡ (25.68평)	소유자	성▓▓	보증금	(30%)	18,580,000원
사건접수	2011-04-18	매각대상	토지/건물일괄매각	청구금액		271,812,517원
입찰방법	기일입찰	배당종기일	2011-06-28	개시결정		2011-04-19

회차	매각기일	최저매각금액	결과
신건	2011-10-14	270,000,000원	유찰
2차	2011-11-10	216,000,000원	유찰
3차	2011-12-07	172,800,000원	매각
김▓▓/입찰1명/낙찰198,110,000원(73%)			
	2011-12-14	매각결정기일	허가
	2012-01-19	대금지급기한	미납
3차	2012-02-15	172,800,000원	유찰
4차	2012-03-20	138,240,000원	유찰
5차	2012-04-17	110,592,000원	유찰
6차	2012-05-16	88,474,000원	매각
권▓▓/입찰3명/낙찰96,437,000원(36%)			
	2012-05-23	매각결정기일	불허가
6차	2012-12-04	88,474,000원	매각
김▓▓/입찰2명/낙찰111,120,000원(41%)			
	2012-12-11	매각결정기일	허가
	2013-01-09	대금지급기한	추후지정
	2013-10-08	대금지급기한	미납
6차	2013-11-18	88,474,000원	유찰
7차	2013-12-16	61,932,000원	매각
권▓▓/입찰23명/낙찰106,100,000원(39%)			
	2013-12-23	매각결정기일	허가
	2014-04-04	대금지급기한 납부 (2014.04.04)	납부
	2014-05-12	배당기일	완료

나 유찰되어 감정가의 30%대인 8,000만원대까지 떨어져 있었다.

 유심히 살펴보니, 전입신고가 최선순위 저당권 설정일자보다 빨라 대항력은 있지만 배당종기 이후에 배당요구를 하여 당해 경매절차에서 보증금을 한 푼도 배당받지 못하는 임차인이 존재했다. 결국 낙찰자가 보증금을 전액 인수해야 하는데 그 액수가 상당했다. 수차례 유찰된 이유가 있었던 것이다. 게다가 이미 한 차례 낙찰된 전력이 있었는데, 낙찰자가 잔금을 미납하여 적지 않은 보증금이 몰수된 상태였다.

이 물건을 A씨가 낙찰받고 필자를 찾아왔다. 상담실 문을 열고 들어오는 A씨의 낙담한 표정에 뭔가 사고가 났음을 직감했다. 자초지종을 들어보니, 위장임차인으로 추정되는 정황이 여러 군데 보여 명도소송을 거치면 큰 수익을 낼 수 있으리라 기대했는데 낙찰받고 소유자를 찾아가 만난 자리에서 놀라운 말을 들었다는 것이다. 현재 경매신청 채권자의 근저당권이 서류를 위조하여 허위로 설정된 무효의 근저당권이고, 이에 대해 소유자가 근저당권자를 상대로 근저당권 말소소송을 진행 중이라는 얘기였다.

경매신청 권원이 되는 근저당권이 추후 말소소송을 통해 무효가 되면, 비록 낙찰자가 잔금을 내도 경매절차는 무효가 되고 결국 소유권을 잃게 된다. 이런 물건의 경우 예고등기라는 형태로 현재 이해관계인 간에 소송이 계류 중이니 조심하라고 경고해주는 것이 통상인데, 이 사건의 매각물건명세서에는 예고등기가 있다는 사실이 공지되어 있지 않았다. 앞서 낙찰받은 사람도 이 때문에 잔금을 미납한 것으로 추정됐다.

위장임차인에 대한 조사는 꼼꼼히 했지만 예고등기에 대해서는 전혀 짐작도 못했던 A씨는 매각불허가를 받고 싶어 했다. 그러나 앞선 낙찰자도 불허가 신청을 했으나 기각되었던 터라 쉽지 않은 사안이었다. 이 사례에서 그나마 매각불허가 사유로 주장해볼 수 있는 것은 예고등기의 존재와 그에 대한 매각물건명세서상의 미기재였다.

그러나 우리 대법원은 '예고등기는 권리관계를 공시하는 것이 아니므로 비록 매각물건명세서에 예고등기의 존재가 기재되어 있지 않아도 불허가 사유가 될 수 없다'고 일관되게 판시하고 있어 불허가 신청이 받아들여질 가능성은 전혀 없었다.

고심 끝에 필자는 예고등기가 매각물건명세서에 기재되지 않아 위법하다는 취지가 아니라 다른 방향으로 논지를 구성했다. 이 사건에서는 저당권 자체에 대해 무효를 이유로 한 말소소송이 계류 중이었는데, 소송절차의 진행내역을 살펴보면 저당권이 무효일 가능성이 높았다. 무효는 소송에서 확정되기 전에도 무효일 뿐이므로 결국 이 사건은 권원 없이 진행된 경매절차로서 무효임을 면치 못한다는 취지로 주장을 펼쳤다. 저당권 말소소송이 계류 중이니 매각불허가가 되어야 한다는 주장과 실제 내용은 같으나 주장의 초점만을 달리 잡은 것이다.

같은 내용이라도 어떻게 논지를 잡고 얼마나 설득력 있게 논리를 전개하느냐에 따라 소송의 승패가 좌우되기도 한다. 매각불허가신청서 접수 후 얼마 지나지 않아 A씨는 금쪽같은 입찰보증금을 되찾을 수 있었다.

똑같은 사안이라도 누구는 입찰보증금을 떼이고 누구는 당당히 되찾은 이 사례에서 무엇보다 명심해야 할 것이 있다. 낙찰의 기쁨도 잠시, 미처 예상하지 못한 법적인 문제가 드러나 눈물을 머금고 보증금을 포기해야 하는 상황이 닥치더라도 절대 미리 포기하지 말고 다방면으로 노력을 기울여보라는 것이다.

요즘 물건을 검색하다보면 잔금미납 사례가 너무나 많이 눈에 띈다. 이 중에서 입찰보증금을 찾기 위해 다각도로 노력을 기울인 흔적이 엿보이는 사례는 드물다. 경매절차를 주관하는 사법보좌관을 찾아가 눈물 어린 하소연을 해볼 수도 있고, 경매전문 변호사를 찾아가 다양한 관점에서 불허가 사유를 모색해볼 수도 있다. 확신만 있다면 사법보좌관의 처분에 대한 이의, 매각허가취소신청, 즉시항고, 재항고 등의 다양한 구제수단을 강구해 볼 수도 있다. 그러나 현실에서는 너무도 쉽게 거액의 입찰보증금을 포기하니 안타깝다.

투자의 세계에서는 수익도 중요하지만 일단 투자원금의 손실을 상쇄할 리스크 통제가 더욱더 중요함을 이 기회에 다시 한번 강조하고 싶다.

실전사례 8

선순위 가등기 물건, 최소 자금으로 최대 수익을!

수년 전 L씨가 낙찰받은 사례다. 지방 소도시 외곽에 위치한 아담한 빌라가 경매로 나왔다. 감정가 7,000만원에 두 차례 유찰과 한 차례 미납을 거쳐 최저가가 감정가의 49%대인 3,430만원에 형성되어 있었다.

전용면적 75㎡(23평)에 방 3개와 화장실 2개를 갖춘, 지은 지 얼마 되지 않은 신축빌라가 이처럼 반값 이하로 떨어진 이유는 선순위 가등기 때문이었다. 말소기준권리인 저당권 등의 권리보다 선순위로 설정된 가등기는 낙찰자가 인수해야 한다. 이는 낙찰자가 낙찰대금을 전액 납부하여 소유권을 취득한다고 해도 가등기권자가 추후 본등기를 마치면 속절없이 소유권을 빼앗기고 만다는 뜻이다.

이렇듯 선순위 가등기가 있는 물건은 리스크가 상당하므로 함부로 응찰해서는 안 된다. 다만, 가등기권자가 당해 경매절차에서 배당요구를 하거나 배당요구에 준하는 채권계산서를 제출하면 이를 담보가등기로 보아 낙찰과 동시에 말소해주기 때문에 응찰해도 별다른 문제는 없다.

L씨가 이 물건을 검색하며 '법원문건 접수내역'을 살펴보니 가등기권자의 배당요구는 없었다. 경매매물의 권리관계를 공지하는 문건인 매각물건명세서에도 이 사건의 가등기는 담보가등기가 아닌 '소유권보전가등기'로서 낙찰로 소멸되지 않는다고 분명히 공지되어 있었다.

사건	2011타경58** 부동산강제경매	매각물번호	1	담임법관 (사법보좌관)	조○○
작성일자	2012.03.14.	최선순위 설정일자		2009.10.7. 압류	
부동산 및 감정평가액 최저매각가격의 표시	부동산표시목록 참조	배당요구종기		2009.01.12	

부동산의 점유자와 점유의 권원, 점유할 수 있는 기간, 차임 또는 보증금에 관한 관계인의 진술 및 임차인이 있는 경우 배당요구 여부와 그 일자, 전입신고일자 또는 사업자등록신청일자와 확정일자의 유무와 그 일자

점유자의 성명	점유부분	정보 출처 구분	점유의 권원	임대차 기간 (점유기간)	보증금	차임	전입신고일자 ·사업자등록 신청일자	확정일자	배당요구여부 (배당요구일자)
고○○	전부	권리신고	주거 임차인	2007.12.10.- 2011.12.10.	10,000,000	400,000	2007.12.6.	2011.1.27.	2011.05.09

〈 비고 〉

※ 최선순위 설정일자보다 대항요건을 먼저 갖춘 주택.상가건물 임차인의 임차보증금은 매수인에게 인수되는 경우가 발행할 수 있고, 대항력과 우선 변제권이 있는 주택.상가건물 임차인이 배당요구를 하였으나 보증금 전액에 관하여 배당을 받지 아니한 경우에는 배당받지 못한 잔액이 매수인에게 인수되게 됨을 주의하시기 바랍니다.

그러나 소유권보전가등기라고 해도 일정한 경우에는 무효가 되어 말소할 수 있음을 알고 있던 L씨는 의심의 끈을 놓지 않고 가등기의 내막을 철저히 파고들었다.

일단 L씨는 선순위 가등기가 있음에도 이 사건 건물에 임차인이 존재한다는 사실에 주목했다. 등기부에 가등기가 설정되어 있으면 보통 임차인들은 권리관계가 복잡하다는 이유로 들어오길 꺼린다. 그럼에도 정상적으로 임대차계약이 체결되고 현재 임차인이 문제없이 거주하고 있다면, 이 사건의 가등기가 법적으로 무효이거나 이미 실효된 것이 아닌가 하는 의문을 품기에 충분했다.

L씨는 해당 부동산의 전 소유자와 채권자 등을 만나 가등기의 내막을 캐물었고, 마지막으로 임차인에게서 이 사건의 가등기권자가 실제로는 이 사건 건물의 소유자라는 사실을 알아냈다. 즉, 가등기권자가 사실상 이 매물을 매수했지만 사정이 있어 소유명의를 다른 사

람으로 해두었던 것이다.

　법적으로는 이를 '명의신탁'이라고 한다. 현행법상 타인 명의로 소유권을 취득하는 명의신탁 약정은 무효이고, 이 같은 명의신탁 약정에 따른 소유권이전등기를 보전하기 위해 설정된 가등기 또한 무효다.

　이런 내용을 알고 있었던 L씨는 이 물건에 주저 없이 응찰했다. 가등기는 효력이 없다는 사실을 이미 아는 가등기권자의 측근이나 임차인이 응찰할 수 있다는 전제하에 낙찰가를 조금 높여 썼고, 2명의 경쟁자를 물리치고 약 3,800만원선에서 낙찰받았다.

　대출이 어려운 특수물건인지라 잔금 전액을 미리 현금으로 준비해 두었지만 조심스럽게 대출을 알아보았다. 선순위 가등기나 가처분이 있는 물건은 저축은행 등 제2금융권에서도 대출을 취급하지 않는다. 가등기권자가 추후 본등기를 치면 낙찰자의 소유권은 물론 은행의 저당권도 직권 말소되어 은행으로서는 무담보 대출을 해준 것과 같은 위험을 안게 되기 때문이다.

　그러나 경매신청서에 첨부된 판결문에 전 소유자와 가등기권자 간에 명의신탁 관계가 성립된다는 내용이 기재되어 있어 잘만 설득하면 대출이 가능할 수 있겠다는 판단이 들었다(필자가 대표로 있는 법무법인 '열린' 명의로 의견서를 작성하여 대출은행에 제출했다). 은행에서는 신중한 검토 끝에 낙찰가의 80%인 3,000만원 대출을 승인해주었고 이율도 법적인 하자가 없는 일반물건 수준의 저리로 적용해주었다. 게다가 보증금 1,000만원, 월세 40만원에 살고 있던 임차인과 재계약하여 보증금 1,000만원을 회수하니, 실제 이 물건에 들어간 자금은 거의 없었고 매달 이자를 내고도 약 30만원 정도의 현금흐름이 발생했다.

잔금납부와 동시에 즉각 가등기말소소송을 진행했다. 가등기권자도 억울했던지 변호사를 선임하며 적극적으로 대응했지만 결국 가등기는 말소되었다. 그 후 주거지를 옮기고 싶어 하지 않았던 임차인에게 넉넉한 프리미엄을 붙여 매각했다고 한다.

경매물건 중 난이도가 가장 높은 축에 속하는 선순위 가등기 물건도 이렇듯 의심의 끈을 놓지 않고 철저히 조사한 뒤 응찰한다면, 일반 매물에서는 상상할 수 없는 수익을 거둘 수 있다.

정 변호사의 원포인트 코칭

경매인들이 가장 두려워하는 선순위 가등기 물건에도 다양한 수익모델이 있다. 가등기가 설정된 후 10년이 넘었다면, 그 전제가 되는 매매예약완결권의 소멸을 이유로 가등기는 무효가 될 수 있다. 예전에는 이 내용이 꽤 좋은 수익모델로 알려졌지만 이제는 너무 보편화되어 특별히 큰 수익을 내기 어려워졌다.

그러나 행복한 부자를 꿈꾸는 당신에게 조금이라도 도움을 주고 싶어 선순위 가등기의 또 다른 수익모델을 하나 제시한다.

바로 앞선 사례처럼 남의 명의를 빌려서 부동산을 취득하는, 이른바 명의신탁에 기한 가등기다. 남의 명의를 빌려 부동산을 취득하면서 만일을 대비해 가등기를 설정해두는 경우인데, 현행법상 명의

신탁약정은 무효이므로 명의신탁약정이 유효하다는 전제하에 설정된 가등기도 무효가 된다. 결국 가등기의 설정원인이 명의신탁이라는 사실만 밝혀낼 수 있다면 아무리 선순위 가등기라고 해도 소송해서 말소할 수 있다.

명의신탁관계를 어떻게 밝혀내느냐고 묻고 싶은가?

현장에 가서 발 벗고 뛰다보면 넘치는 게 증거다. 필자의 지인 몇몇은 임장 시 소형녹음기와 소형카메라를 늘 갖고 다닌다. 허위 유치권, 위장임차인 등 허위의 권리들을 밝힐 증거를 수집하기 위해서다.

돈을 벌기가 쉽지는 않다. 그러나 어렵지도 않다. 그 과정을 즐길 수만 있다면 말이다.

특수물건과 부실채권이 만나면 세금이 사라진다!

부실채권투자는 3개월 이상 이자지급을 연체한 은행권의 채권을 매입하여 직접 경매를 진행하거나 배당받아 수익을 내는 투자방식이다. 평균적인 투자수익률이 6~10%로 은행의 예금금리보다 월등히 높다.

과거에는 개인도 금융권과 저당권 거래를 통해 직접 부실채권투자를 할 수 있었으나 얼마 전 개정된 대부업법의 영향으로 이제 직접 투자는 불가능해졌다. 하지만 은행권 부실채권을 개인이 매입할 수 없을 뿐, 은행권이 아닌 개인 채권자의 채권은 얼마든지 매입할 수 있다(그뿐만 아니라 은행권의 채권을 대신 변제하고 변제자 대위 형식으로 채권자의 지위를 넘겨받아 수익을 낼 수도 있다).

부실채권투자는 매력적인 투자수단이다. 특히 법적으로 복잡하게 얽혀 최저가가 상당히 떨어진 특수물건 경매와 만나면 엄청난 파괴력을 발휘한다.

예를 들어보자. 지금으로부터 3년여 전 용인시 기흥구의 대단지 아파트가 경매시장에 나왔다. 선호도 높은 전용면적 85㎡ 이하에, 향도 좋고 층도 좋은 우량한 물건이었다. 최초 감정가는 2억 7,000만원이었는데 다섯 차례 유찰을 거쳐 최저가가 감정가의 30%대인 8,800만원 선에서 형성되어 있었다.

거듭되는 유찰의 이유가 궁금해 매각물건명세서를 살펴보니 낙찰자가 보증금을 전액 인수해야 하는 대항력 있는 임차인이 존재했다. 그런데 인수해야 할 보증금 액수가 1억원에 불과했다. 인수금액을 감안해도 최저가가 너무 떨어졌다 싶어 또 다른 문제가 있는 것은 아닐까 하고 매각물건명세서를 꼼꼼히 확인해보았다. 아니나 다를까 크나큰 문제가 있었다.

이 물건에 대해 경매를 신청한 채권자는 금융권이 아닌 개인기업 B였는데, 경매물의 소유자에게서 B의 저당권이 무효이니 경매절차를 정지해달라는 신청이 들어와 있었다. 또한 B의 저당권이 무효라는 전제하에 정식으로 저당권 말소소송이 계류 중이어서 등기부에 저당권 말소를 예고하는 예고등기까지 붙어 있었다(앞서 보증금을 잃을 뻔한 A씨와 비슷한 경우다). 만약 소유자가 승소하여 추후 저당권이 말소되면, 낙찰자가 잔금을 납부하더라도 소유권을 상실할 수 있어서 리스크가 상당히 큰 물건이었다.

이 물건을 M씨가 9,000여만원에 낙찰받았다. 꼼꼼히 조사한 결과 대항력 있는 임차인은 위장임차인으로 추정되고, 1심에서 소유자가 패소한 상태라 저당권 말소소송도 큰 문제가 없으리라고 판단한 뒤였다. 필자가 사건내역을 꼼꼼히 살펴보니 M씨의 판단에 큰 문제가 없어보였다. 1년 내에 법적인 분쟁을 정리한 뒤 당시 급매시세인 2억 5,000만원에 되팔면 상당한 차익이 예상되었다.

다만 M씨의 투자방식에는 아쉬움이 남았다. 이 물건을 경매로 낙찰받는 게 아니라 부실채권투자 방식으로 저당권을 매입했다면 어땠을까?

경매신청 채권자 B는 자신의 저당권이 무효라는 소송이 진행 중이라 심리적으로 불안한 상태다. 게다가 저당권 설정 당시에는 존재하지 않았던 위장임차인이 거액의 보증금을 신고한 터라, 이 물건을 제값 받고 매각하기는 힘들 것이라며 반체념한 상태였다.

M씨가 이 물건을 9,000여만원에 낙찰받지 않고, 심리적 열세에 놓여있던 B와 협상하여 채권최고액 3억원에 달하는 저당권을 1억원에 매입했다면 수익률은 깜짝 놀랄 만큼 달라진다. 어떻게 달라질까?

B의 저당권을 매입한 뒤 경매절차를 잠깐 정지해두고, 임차인을 상대로 임차권 부존재 확인소송을 진행하여 B가 위장임차인임을 밝혀낸다. 동시에 저당권 말소소송을 승계, 진행하여 승소판결을 받아낸다. 이렇게 대상물건의 법적인 문제를 모두 정리한 뒤 경매를 재개한다. 특수물건에서 일반물건으로 바뀐 이 물건은 당시 평균 낙찰가율대로 누군가에게 약 2억 5,000만원 선에서 낙찰될 것이다.

이때 1순위 저당권자로서 2억 5,000만원을 전부 배당받으면(경매

비용 미고려) 1억원에 채권을 매입했으므로 시세차익만 해도 무려 1억 5,000만원에 달한다. 여기서 중요한 포인트는, 부실채권매입으로 얻는 배당소득은 과세대상이 아니라는 판례에 따라 이 시세차익에 대한 세금을 한 푼도 내지 않아도 된다는 것이다.

이 같은 저당권매입 방식이 아니라 경매로 매입한다면, 단기양도세율 44%에 따라 양도차익 1억 5,000만원의 절반에 가까운 금액을 꼼짝없이 세금으로 내야 한다. 투자방식이 경매냐, 부실채권투자냐에 따라 실질수익에는 이렇듯 어마어마한 차이가 난다.

부실채권투자는 이제 보편화되어 수익률이 그리 크지 않은 영역이 되었지만, 특수물건 경매와 접목한다면 아직도 놀랄 만한 메리트가 있음을 명심하자.

....

 경매를 하다보면 세금문제를 생각해야 한다. 장기투자보다는 1년 이내의 단기매매를 선호하는 경매인의 특성상 단기매매 시 발생하는 44%의 양도소득세를 생각하면 정말 아깝다.

상승기에는 장기투자를 주로 권한다. 하지만 침체기가 장기화되면 오래 보유해봐야 가격상승을 기대하기 어려우므로 단기매매도 고려해야 한다. 이 경우 수익률 반토막의 주범인 세금을 고려해야 하기에, 단기매매를 선호하는 사람들은 매매법인을 설립하거나 매매사업자를 내는 방법으로 절세를 하곤 한다. 법인세나 사업소득세의 세율

이 양도소득세보다 낮기 때문이다.

그러나 법인설립과 사업자등록의 단점도 많아 어떤 것이 좋다고 딱히 단정할 수는 없다. 자신의 투자 스타일이나 자금계획 등을 잘 살펴 장기투자할지 단기투자할지 결정하고, 단기투자를 반복할 예정이라면 매매사업자 등록 혹은 법인 설립을 깊이 있게 고민해볼 필요가 있다.

앞선 사례처럼 채권자의 채권을 매입하는 투자방법도 좋은 절세방안이 될 수 있으니 이 기회에 부실채권투자에 대해 공부해두는 것도 바람직하다.

결코 지지 않는
경매전략

　요즘 경매시장에서는 더 이상 수익내기 어려워졌다는 경매인들의 한숨 소리가 무성하다. 그러나 대다수의 경매인들이 한탄만 하고 있는 지금 이 순간에도 꾸준히 수익을 내는 경매투자자들이 필자 주변에는 참으로 많다.

　이들은 직장을 다니면서도 새벽까지 물건을 검색하고 월차를 내서 임장을 다니며, 휴일에도 쉬지 않고 권리분석을 하는 노력의 대가들로 누구나 부러워하는 수익을 낸다.

　이들은 어떻게 이 치열한 경매시장에서 살아남아 꾸준히 수익을 낼까?

　첫 번째 전략은 꾸준히 이론을 공부해 남들이 어렵다고 판단하는 물건들에 관심을 갖는 것이다. 경매로 나온 물건 중에 치유할 수 없을 만큼 본질적인 하자가 있는 물건들은 많지 않다. 다만 공부가 부족해서 그런 법적인 하자를 해결할 수 없다고 생각하는 사람들이 많을 뿐이다.

얼마 전 H씨는 남들이 꺼리는 대형건설사의 유치권이 신고된 아파트를 낙찰받아, 단기간에 유치권을 해결함으로써 단 7개월여 만에 2억원에 이르는 기록적인 차익을 남겼다. 비록 유치권이 신고되어 있었지만 은행을 적극적으로 설득해 낙찰가의 80%를 저리로 대출받은 덕분에 투자금은 6,000여만원에 불과했다.

H씨의 성공비결은 단순하다. 남들이 쉴 때 건설사 유치권에 관한 공부를 꾸준히 해왔고, 그동안 쌓은 지식을 바탕으로 보석 같은 물건

소재지	(16534) 경기도 수원시 팔달구 인계동 384 ▒▒▒▒▒▒▒▒▒▒▒▒▒▒▒▒▒▒				
	[도로명] 경기도 수원시 팔달구 ▒▒▒(인계동)				
용도	아파트	채권자	유아이제칠차유동화	감정가	590,000,000원
대지권	64.82㎡ (19.61평)	채무자	이▒▒	최저가	(49%) 289,100,000원
전용면적	123.35㎡ (37.31평)	소유자	이▒▒	보증금	(10%) 28,910,000원
사건접수	2012-05-08	매각대상	토지/건물일괄매각	청구금액	363,000,000원
입찰방법	기일입찰	배당종기일	2012-07-20	개시결정	2012-05-09

회차	매각기일	최저매각금액	결과
신건	2013-02-01	590,000,000원	유찰
2차	2013-03-08	472,000,000원	유찰
	2013-04-05	377,600,000원	변경
	2013-05-03	377,600,000원	변경
차	2013-06-05	377,600,000원	매각
이▒▒/입찰5명/낙찰461,333,000원(78%)			
	2013-06-12	매각결정기일	변경
	2013-06-27	매각결정기일	불허가
신건	2013-08-27	590,000,000원	변경
신건	2013-10-01	590,000,000원	유찰
	2013-10-31	413,000,000원	변경
	2013-12-27	413,000,000원	변경
	2014-02-10	413,000,000원	변경
2차	2014-05-15	413,000,000원	유찰
3차	2014-06-18	289,100,000원	매각
한▒▒/입찰2명/낙찰308,870,000원(52%) 2등 입찰가 : 300,850,000원			
	2014-06-25	매각결정기일	허가
	2014-07-31	대금지급기한 납부(2014.07.16)	납부
	2014-08-21	배당기일	완료

을 발견했다. 그리고 철저한 임장을 거쳐 해당물건의 유치권이 성립 요건을 충족하지 못하여 위법하다는 판단을 내렸을 뿐이다.

두 번째 전략은 부동산 전반에 대한 안목을 키우고 부동산 가치를 높일 방법을 끊임없이 탐구하는 것이다. 경매는 부동산을 사고팔아 수익을 내는 재테크 수단이다. 이론 공부나 실전 공부도 물론 중요하지만, 어찌 보면 경매에서 가장 중요한 것은 부동산의 속성과 부동산 가치에 대한 이해 그리고 그 가치를 증대할 수 있는 방안에 대한 고민이다.

승부사 기질을 발휘하여 낙찰가를 잘 쓰는 것이나 최단 기간 내에 효율적으로 명도를 끝마치는 것만이 경매의 전부는 아니다. 진정한 경매의 매력은 부동산을 제대로 알고, 부동산의 가치를 증대하는 방법을 알아야만 비로소 느낄 수 있다.

또 다른 사례를 보자. 법인을 운영하는 K씨는 저가에 낙찰받은 평범한 빌라를 게스트하우스로 활용하여 매달 300만원씩 임대수익을 내고 있다. 그 빌라의 낙찰금액은 6,000만원이 채 안 됐고, 외국인의 취향에 맞게 리노베이션하면서 들인 비용 1,000만원이 전부였다. 결국 7,000만원 정도를 투입하여 매월 300만원 이상의 수입을 얻는 셈이니 속된 말로 대박이다.

이론 공부는 남들보다 뒤처졌지만, 탁월한 외국어 실력과 원만한 대인관계로 실전경매에서 알찬 수익을 낸 K씨의 이야기는 경매시장에 실로 무궁무진한 틈새가 있음을 보여주는 좋은 사례다.

세 번째 전략은 투자 대상물건의 다변화다. 경매에는 아파트나 빌라 등 주택경매만 있는 것이 아니다. 토지경매도 있고, 상가경매도 있고 상가와 토지 경매의 장점만을 취합해 놓은 공장경매도 있다. 입지 좋은 곳에 위치한 주유소가 소유자의 무리한 사업 확장으로 경매에 나오는 경우도 있고, 손님이 많아 영업이 잘되는 숙박업소가 소유자의 개인사정으로 경매에 나오는 경우도 있다.

또한 토지경매에서도 일반 대지경매가 기본이지만 농지경매도 있고 임야경매도 있다. 농지경매라고 하면 다들 생소하겠지만, 농지를 낙찰받아 농지 소재지 인근의 지주들에게 적정 프리미엄을 붙여 되파는 방식으로 매년 적지 않은 수익을 내는 사람도 있다. 주택연금처럼 농지연금이나 산지연금을 받아 안정적인 노후를 대비할 목적으로 농지투자를 하는 경매인들도 꽤 있다. 건물경매, 그중에서도 환금성 좋은 아파트 경매만이 전부라는 생각에서 하루 속히 벗어나야 한다.

마지막으로 수도권 시장이 과열되었을 때는 과감히 지방시장으로 눈을 돌릴 필요도 있다. 지방도 사람 사는 곳이다. 객관적인 투자 가치 면에서 수도권이 월등한 건 사실이다. 그러나 큰 욕심을 버린다면 별다른 경쟁 없이 꾸준히 수익을 낼 수 있는 곳이 지방시장이다.

평일 내내 직장에 매여 있다면 임장이 쉽지 않겠지만, 마음만 먹으면 불가능할 것도 없다. 경매를 처음 시작하는 사람들은 자신이 잘 아는 지역부터 차근차근 파악해 나가면 된다. 어느 정도 실력이 쌓였음에도 패찰을 거듭한다면, 수도권 외곽지역으로 한번 눈길을 돌려보자. 경쟁을 피하는 좋은 방법이 될 수 있다.

다시 한번 강조하지만 경매에서 경쟁을 피할 수 있는 방법은 실로 다양하며 수익을 낼 수 있는 틈새도 적지 않다. 그럼에도 자신의 한계를, 자신의 선입견을 벗어나지 못해 쉽고 편한 물건에만 관심을 두고 경쟁이 너무 치열하다며 한숨만 쉬고 있으니 참으로 안타깝다.

이제 잔뜩 움츠렸던 몸을 펴서 한껏 기지개를 켜고 너른 시야로 세상을 바라보자.

특수물건에 대한 오해와 진실

흔한 지분경매부터 시작해서 위장임차인, 허위 유치권, 선순위 가등기, 가처분, 건물만 입찰과 대지권 미등기 물건 등 특수물건의 영역은 실로 다양하다.

이 다양한 영역에서 남부럽지 않은 수익을 내고자 한다면 특수물건에 대한 부정적인 시각을 바꿀 필요가 있다. 과거에는 특수물건의 해법이 잘 알려져 있지 않다보니 경락잔금대출을 해주는 은행권에서도 특수물건에 대해서는 대출을 꺼리는 경향이 심했다. 그러나 위장임차인과 허위 유치권 등 주요 특수물건에 대한 해법이 보편화된 요즘은 특수물건에 대한 대출을 취급하는 은행이 많아졌다.

아파트나 빌라 등 집합건물의 공유지분 물건의 경우 낙찰가의 60%까지 대출해주고, 심지어 철거 확정판결이 있어 언제든 담보물이 철거될 수 있는 '건물만 입찰'의 경우에도 대출해준다. 필자는 유치권이 존재한다는 확정판결이 있었음에도 별도의 방법으로 충분히 해결 가능하다는 법무법인 의견서를 첨부하여 제1금융권에서 낙찰가의 80% 이상을 대출받은 적이 있다. 지상에 번듯한 신축빌라가 서

있는 토지의 낙찰자도 법무법인 의견서를 첨부하여 낙찰가의 70%를 대출받기도 했다. 이렇듯 특수물건은 더 이상 거액의 종잣돈이 장기간 묶이는 '가진 자만의 투자처'가 아니다.

특수물건은 해결기간이 오래 걸린다는 속설도 특수물건의 일면만을 바라본 시각에서 나온 것이다. 위장임차인이나 허위 유치권 등 주요 특수물건은 대부분 속칭 '경매브로커'들이 주도하여 불법적으로 외관을 만들어낸 작업의 소산이다. 철저한 임장을 통해 권리가 허위라는 증거만 확실히 확보한다면 입찰방해죄, 강제집행면탈죄(강제집행을 면할 목적으로 재산을 은닉·손괴·허위양도 또는 허위의 채무를 부담하여 채권자를 해하는 죄), 사기죄 등의 형사고소 압박으로 일반물건보다 빠른 시간 내에 명도를 끝낼 수 있다. 범죄에 발을 내디딘 사람들이라 명도과정에서 필수인 이사비조차 지급하지 않아도 된다.

물론 소송으로 해결해야 하는 어려운 특수물건도 있다. 그러나 소송기간을 평균 1년으로 잡으면 1년 내 매각 시 발생하는 양도세 중과세를 면할 수 있다. 상승기에는 소송기간 동안 매매가가 상승하는 효과 또한 누릴 수 있어 특수물건의 매력은 더욱 두드러진다.

그러면 특수물건에 내재하는 원금손실 리스크는 어떻게 통제(hedge)할 수 있을까?

특수물건의 수익구조와 리스크 통제 방법은 마치 동전의 양면과도 같다. 즉, 리스크가 있기 때문에 수익을 낼 수 있는 것이므로 수익구조를 역으로 생각해보면 답이 나온다.

선순위 가등기 물건은 가등기권자가 차후 본등기를 마치면 낙찰자가 속절없이 소유권을 빼앗기다보니 유찰을 거듭한다. 이때도 배당받은 채권자들을 상대로 배당금 반환청구를 하면 손해를 최소화할 수 있다. 가등기권자가 본등기를 쳐서 소유권이 바뀌게 되면 엉뚱한 물건에 경매를 넣은 꼴이 되어 결국 낙찰자는 소송을 통해 부당하게 배정된 금액을 되찾아올 수 있기 때문이다. 이런 구조를 알고 낙찰받는다면, 위험한 선순위 가등기 물건이 오히려 가장 안전한 수익모델이 될 수도 있다.

가장 흔한 특수물건인 유치권이 신고된 물건도 마찬가지다. 낙찰 후 해당 부동산을 인도받으려면 유치권자가 주장하는 공사대금을 전부 물어줘야 한다. 그러나 유치권자가 직접 낙찰자를 상대로 유치권 금액을 지급하라고 청구할 수 없다는 구조적 맹점을 잘 활용하여 효율적인 안전장치를 마련해둔다면 유치권 물건의 리스크도 적절히 통제할 수 있다.

토지소유자가 건물철거에 대한 확정판결을 갖고 있는 '건물만 입찰' 물건도 철거집행 절차와 집행과정의 문제점 등을 꿰뚫고 있다면 토지소유자와의 협상과정에서 우위를 점할 수 있다.

결국 리스크 통제방법만 제대로 알고 있다면 특수물건은 더 이상 'High Risk, High Return'이라는 명제가 지배하는 영역이 아니다. 특수물건은 문제가 명확한 만큼 단 1%의 실패 가능성도 없고 또 없어야 하는 투자영역이다.

대세 상승기의
경매입찰전략

　부동산 상승기에 경쟁력 있는 경매입찰전략을 알아보자. 얼마 전, 노원구 상계동 주공아파트가 경매로 나왔다. 선호도 높은 크기인 전용면적 85㎡에 향 좋고 층 좋은 역세권 아파트였다. 조만간 재건축이 예정되어 있었고 혐오시설인 차량기지 이전계획이 잡혀있어 미래가치가 꽤나 높았다.

　평균 시세는 4억 5,000만원에서 4억 6,000만원 사이에서 형성되어 있었는데, 감정가는 이보다 한참 낮은 3억 7,000만원이었다. 경매가 개시된 시점이 몇년 전이었고, 채무자의 개인회생 신청 등으로 장기간 경매절차가 정지되어 있다가 최근에야 다시 진행된 매물이었다. 감정가가 시세보다 현저히 낮은 이유는 경매 개시 시점인 몇년 전에 감정평가가 되어 그동안의 상승분을 반영하지 못했기 때문일 터였다.

경매 초보 P씨가 생애 첫 낙찰로 이 물건을 찜했다. 법적인 문제가 없는 일반물건이라 시세조사만 정확히 하면 입찰준비가 끝나는 물건이었다. 시세조사를 끝내고 입찰가를 정해야 할 순간이 왔다. 초보 투자자 P씨는 감정가를 넘겨 쓰는 것만으로도 부담스러워하며 필자에게 4억원대 초반을 써내면 어떻겠느냐고 물어왔다.

그러나 필자는 대세상승기에는 과거 낙찰가율이나 입찰 경쟁률 통계가 전혀 의미 없음을 강조하며, 현재 시세를 기준으로 약 1,500만원에서 2,000만원 정도 차익이 나는 수준에서 응찰하라고 조언해 주었다.

결국 고민 끝에 최종 결정한 P씨의 입찰가는 4억 3,800만원대였다. P씨는 감정가의 120%에 육박하는 입찰가를 무척 부담스러워했지만, 필자는 오히려 꼭 낙찰받고 싶으면 조금 더 올리는 것도 괜찮겠다고 조언해주었다. 지금까지의 상승률을 고려할 때 명도가 완료되는 3개월 후에는 몇천만원 더 상승해 있을 것이니 걱정 말라고 격려도 해주었다.

입찰 당일, 이 물건에는 무려 42명의 응찰자가 경쟁하여 결국 4억 4,400여만원에 낙찰이 되었다. P씨는 아쉽게도 600여만원 차이로 분한 눈물을 삼켜야 했다.

그런데 얼마 전 P씨가 너무나 아쉽다며 연락해왔다. 상계동 주공아파트 인근에 임장을 나왔는데, 지난번 패찰했던 아파트 시세가 3개월 만에 1억원 이상 올랐다는 것이다.

늘 강조하는 말이지만 투자에는 용기가 필요하다.

> **정 변호사의 원포인트 코칭**

경매 초보들이 흔히 오해하는 것이 있다. 바로 입찰가 산정은 순전히 운에 맡기는 것이고 낙찰도 본인의 노력으로 통제할 수 없다고 여기는 것이다. 그러나 단언컨대, 낙찰가는 과학적으로 산정하는 것이고 낙찰 확률은 얼마든지 높일 수 있다.

수익을 고려하지 않고 터무니없이 응찰가를 높게 써서 낙찰받는 경우를 말하는 것이 아니다. 충분히 수익이 나면서도 낙찰률을 100%에 가깝게 높이는 방법이 있다. 바로 경매물건에 대해 충분히 공부하는 것이다.

특수물건의 경우 법적 문제를 해결할 수 있다는 자신감이 크면 클수록 입찰가가 높아지고 따라서 낙찰 가능성 역시 높아진다. 해당 물건의 가치에 대한 조사가 철저할수록, 해당 물건의 법적문제에 대한 연구가 깊을수록, 그 물건의 해법에 대해 많이 공부할수록 낙찰확률은 높아진다. 조사나 연구가 부족한 사람들은 주저하고 망설이며 응찰가를 낮게 쓴다. 결국 낙찰 가능성 또한 그만큼 낮아진다.

일반물건도 마찬가지다. 자신이 물건의 장점과 단점을 모두 꿰뚫고 있을 때, 그 물건의 미래가치를 누구보다 훤히 알고 있을 때 자신 있게 응찰가를 높여 쓸 수 있고 낙찰 가능성도 높일 수 있다.

필자는 파주 운정신도시에 GTX 연장안이 확정되기 석 달 전 미리 GTX역사 예정지가 어디인지 철저히 연구한 뒤 그 인근에 나온 경매매물에 응찰했다. 운정신도시의 경우 시세보다 경매의 평균 낙찰가율이 약 2,000만원 정도 낮아 경매로 매입하는 게 훨씬 이득이었다. 그래서 평균 낙찰가율보다는 다소 높지만 시세보다는 1,000만원 낮은 선에서 응찰했다.

결과는 8명 응찰에 2등과 800만원 차이로 낙찰이었다. 비록 2등과 800만원 차이가 났지만 급매로 매입하는 것보다 1,000만원을 싸게 산 데다가 공인중개사 수수료까지 절감했으니 여러모로 이득이었다. 필자는 운정신도시의 장밋빛 미래가치에 대해 충분히 공부했기 때문에 자신 있게 응찰가를 써낼 수 있었다. GTX 연장 발표가 나자마자 해당 물건의 시세는 크게 올랐다.

일반적인 경매인의 경우 낙찰을 받더라도 2등 금액과 격차가 크면 기쁨보다는 불안을 느낀다. 그러나 앞으로는 이렇게 생각하기 바란다.

'내가 2등한 사람보다 입찰가 차이만큼 공부를 더 많이 했구나!'

자신감이 낙찰 가능성을 높이는 법이다.

경매의 전설 또 다른 이야기

투자방법 다양화 & 투자대상 다변화로
수익률을 극대화하라!

나라에서 경매통계를 처음 내기 시작한 2001년 이래로 경매매물 수가 매달 최저치를 경신하고 있다. 특히나 주거용 건물의 경우 매물 수가 현저히 급감했다. 2005년 한 해 13만여 건에 달하던 아파트경매 건수는 2015년에 3만여건으로 대폭 줄어들더니, 지난해 11월에는 서울 25개구 자치구를 통틀어 아파트 매물이 80개 정도에 불과했다. 개중에 나홀로 아파트나 빌라형 아파트, 소외된 지역의 저층 아파트 등 투자가치 낮은 매물을 제외하면 입찰자의 시선을 끌 만한 물건은 채 50개도 되지 않았다.

사정이 이렇다 보니 입찰 경쟁률은 치솟고 낙찰가율도 매 기일 최고치를 경신하고 있다. 얼마 전, 최근 인기가 급상승한 상계동 주공 아파트 인근 단지가 매물로 나왔다. 감정가 2억 2,000여만원에 한 차례 유찰되었으며 최저가는 1억 7,800만원 선에서 형성되어 있었다.

결국 현재의 상승세를 고려하더라도 낙찰가가 2억 3,000만원대 초, 중반에서 형성될 물건이었다. 그러나 이 물건은 무려 35명이 입찰한 끝에 예상가보다 2,000만원 이상 비싼 가격에 지방에서 올라온 원정 투자자에게 낙찰됐다.

이 사례에서 알 수 있듯 상승기에는 투자수단을 경매에 한정할 필요가 없다. 시세 조사 시, 애초 예상했던 응찰가보다 더 싸고 좋은 급매물이 있다면 입찰을 포기하고 급매물을 사는 것이 현명한 투자임은 두말할 나위가 없다.

급매뿐만 아니라 세금체납을 이유로 한 공매, 신탁회사가 주관하여 진행하는 신탁사 공매 등 투자수단 또한 다양화할 필요가 있다. 투자대상도 아파트에만 국한할 것이 아니라 빌라, 다가구, 단독주택 등으로 다변화하자. 신축 후 5년이 안 된 역세권 빌라는 요즘 아파트 못지않게 수익률이 높다. 또한 새 정부의 견고한 정책기조인 도시재생사업에 발 맞춰 재생사업지 내의 허름한 다가구, 단독주택 등을 공략하는 것도 좋은 투자전략이 될 수 있다.

과열 경쟁 시장에서는 투자방법의 다양화와 투자대상의 다변화가 반드시 필요하다.

실전사례 12

재건축아파트의 조합유치권, 정말 해결 불가능일까?

강변북로를 타고 일산방향으로 달리다보면 동부이촌동 어귀에서 미래형 도시에서나 볼 법한 초고층 아파트 3개동을 볼 수 있다. 한강변 초고층 아파트의 선두주자 래미안첼리투스다. 카페테리아, 피트니스클럽 등의 상업시설이 들어선 각 건물의 17층이 구름다리로 연결되어 3개동이 마치 한 몸처럼 붙어 있다. 강북의 랜드마크로 불려도 손색이 없을 만큼 조망이나 디자인이 탁월하다.

얼마 전 이 아파트의 전용면적 124㎡(42평)짜리 14층 물건이 경매로 나왔다. 시세는 20억원 선에 형성되고 있었으나 최초 감정가는 시세를 반영하지 못하고 17억원에 머물렀다. 감정가가 시세보다 낮음에도 한 차례 유찰되어 최저가가 14억원대로 떨어진 상태였다. 수분양자(분양받은 사람)가 추가 분담금을 납부하지 않아 재건축조합에서 약 8억원 상당의 유치권을 신고한 것이 유찰 이유였다.

※ 최선순위 설정일자보다 대항요건을 먼저 갖춘 주택,상가건물 임차인의 임차보증금은 매수인에게 인수되는 경우가 발생할 수 있고, 대항력과 우선 변제권이 있는 주택,상가건물 임차인이 배당요구를 하였으나 보증금 전액에 관하여 배당을 받지 아니한 경우에는 배당받지 못한 잔액이 매수인에게 인수되게 됨을 주의하시기 바랍니다.	
※ 등기된 부동산에 관한 권리 또는 가처분으로서 매각으로 그 효력이 소멸되지 아니하는 것	
해당사항없음	
※ 매각에 따라 설정된 것으로 보는 지상권의 개요	
해당사항없음	
※ 비고란	
2016.04.08. **아파트주택재건축정비사업조합에서 분담금 원금 524,946,584원, 연체이자 230,972,725원, 취득세 12,881,660원, 보존등기비용 978,000원 합계 769,778,969원 미납을 이유로 유치권신고서 제출(조합과 시공사 삼성물산이 분담금 미납을 이유로 공동점유하고 있다고 함)	

　이 사건 아파트의 경매신청 채권자는 조합이었는데, 관련 자료를 수집하여 꼼꼼하게 배당분석을 해보니 이 유치권은 의미가 없다는 결론이 나왔다. 조합측이 미납금을 전액 배당받게 되어 있었던 것이다.

　필자는 이 물건에 관심을 가진 S씨에게 비록 외형은 특수물건이나 안전한 물건이라고 조언해주었다. S씨는 15억원을 살짝 넘겨 응찰하여 3명의 경쟁자를 물리치고 이 물건을 낙찰받았다. 잔금을 납부한 뒤 곧바로 조합과 시공사를 찾아가 원만한 협상을 통해 입주증과 키를 받아내고 소유권을 취득했다. 보름 만에 조합유치권을 해결한 S씨는 총 투자금을 웃도는 16억원에 전세를 놓았다. 돈 한 푼 들이지 않고 강북 최고의 랜드마크 아파트를 소유하게 된 것이다.

　여기서 끝이 아니다. 그로부터 얼마 후 최고 로열동인 102동 18층 물건이 또다시 경매로 나왔다. 이번에도 수분양자의 분담금 미납을 이유로 지연이자 포함 약 8억원 이상의 유치권이 신고되어 있었다. 앞선 물건과 달리 당해 경매절차에서 유치권자가 배당을 받지 못해 보증금 전액을 낙찰자가 인수해야 하는 고난이도의 물건이었다.

경매인들이 알고 있는 통념과 달리, 시공사가 주장하는 유치권은 간혹 허점을 발견할 수 있지만 조합이 주장하는 유치권은 좀처럼 깨뜨리기 어렵다. 그럼에도 포기하지 않고 꼼꼼히 검토하여 조합측이 주장하는 유치권 금액 및 유치권의 전제가 되는 점유부분에 문제가 있음을 발견할 수 있었다. S씨는 지인들과 공동투자하여 세 차례 유찰된 14억원 선에서 이 물건을 낙찰받았다.

필자는 승패가 불분명한 명도소송보다는 시간이나 비용 대비 효율 높은 협상으로 마무리하라고 조언했다. S씨와 지인들은 약 3개월에 걸쳐 조합과 장기협상을 진행하여 서로가 만족할 만한 금액으로 합의하고 유치권을 해결했다.

거실에서 한강 조망이 훤히 내다보이는 최고 로열동, 로열층인 이 아파트는 현재 시세로 24억원을 호가한다. 탁월한 입지와 조망을 갖춰 앞으로도 충분한 상승 동력이 있어 보인다.

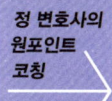

유치권이 신고된 재건축 아파트는 경매인들 사이에서 입찰이 금기시되는 물건 중 하나다. 유치권 신고자가 재건축 조합이든 시공사든 불문하고 유치권은 결코 깰 수 없는 난공불락으로 보인다. 그러나 S씨와 지인들은 아무리 견고하게 보이는 특수물건이라도 빈틈은 있다는 필자의 평소 조언을 떠올리고 이 물건을 조사하고 또 조사했다. 그 결과 유치권의 핵심

■ 래미안 첼리투스

요건인 점유와 관련하여 법적으로 충분히 논쟁이 될 만한 허점을 찾았고, 신고된 공사대금의 총액과 관련해서도 작지 않은 문제가 있음을 밝혀냈다.

하지만 명도소송을 진행한다고 해도 100% 승소할 것으로 확신할 수는 없어서 비용과 시간을 줄이기 위해 협상을 택했다. 먼저 발견한 허점과 그에 대한 법률의견을 조합측에 제시하며 여차하면 소송을 진행할 태세를 보이자, 처음엔 강경하게 나왔던 조합측도 원만히 처리하고 싶다는 눈치를 내비쳤다. 즉시 효율적으로 협상하여 조합측에서 제시하는 금액의 상당액을 깎을 수 있었다.

거액의 유치권이 신고된 탓에 시세보다 현저히 떨어진 저가에 물건을 낙찰받고, 효율적으로 협상하여 신고된 금액에서도 상당액을 깎았다. 거기에 소송비용 등 부수적인 비용을 절감하여 기대수익을 높였다. 또한 비록 철옹성 같은 특수물건이었지만 낙찰 후 단 3개월 만에 모든 문제를 해결했고, 일반물건의 명도기간보다 짧은 기간이 걸렸으니 꽤 괜찮은 투자라고 볼 수 있다.

경매인들은 특수물건이라고 하면 모두 장기간 소요되는 소송으로만 해결할 수 있을 거라고 선입견을 갖는다. 하지만 진정한 고수들은 이처럼 소송이 아닌 협상을 통해 수익률을 높인다. 명도소송을 통해 전부 승소하는 것보다 때로는 협상을 통해 서로 양보하며 적절한 수익을 누리는 것이 즐기는 투자의 지름길이라는 것, 경매인으로서 꼭 마음에 새겨둘 만한 지침이다.

한강변 초고층 아파트라는 희소가치 때문에라도 향후 30억원은 무난히 넘어설 것으로 보이는 래미안 첼리투스. 그 가치에 걸맞게 현재도 꾸준히 시세가 상승하는 것은 이 아파트로 얻는 값진 보너스가 아닐까 싶다.

금리인상은
경매인을 설레게 한다

얼마 전에 한국은행이 기준금리 인상을 단행했다. 무려 6년 5개월 만의 전격적인 단행이다. 초저금리시대의 종언으로 앞으로 부동산 상승세가 주춤할 것이고, 장기침체에 빠질 수도 있다는 경계의 목소리가 높다. 기준금리 인상으로 시중의 대출금리도 계속 오르고 있다.

금리가 인상될수록, 경기가 침체될수록 거꾸로 활황을 맞는 곳이 경매시장이다. 앞으로 금리상승의 여파를 견디지 못하는 한계기업, 채무가 과다한 개인, 무리하게 투자한 다주택자의 매물들이 쏟아질 것으로 예측된다. 경기전망이 어두워짐에 따라 요즘 경매시장에서는 전반적으로 입찰경쟁률과 낙찰가율이 동시에 떨어지고 있다. 물론 대기수요층이 두터운 강남권을 위시해 서울 중심부시장은 예외지만 말이다.

경기침체기에 실패 없는 투자를 하려면 시세보다 싸게 사는 전략이 주효하다. 매물을 싸게 살 수 있는 대표적인 방법은 역시 경매나 공매 제도를 활용하는 것이다. 부동산 활황기에는 낙찰가가 시세를 훌쩍 넘어 큰 장점이 없다는 기사도 눈에 띄지만, 이는 겉으로 드러난 현상만 보고 실체를 제대로 반영하지 못한 분석이다. 시세보다 높게 낙찰된 것으로 보이는 매물을 분석해보면 짧은 기간에 매가가 급상승한 지역이 대부분이다. 결국 하루이틀 새에 가격이 급등하는 분위기를 발 빠른 경매인들이 눈치채고 낙찰가를 높여 써낸 것일 뿐이다.

소재지	(10892) 경기도 파주시 목동동 101 ███████ ███████ █████ 제1108동 제15층 제1504호				
	[도로명] 경기도 파주시 ██████ ███ 제1108동 제15층 제1504호 목동동 101 █████████				
용도	아파트	채권자	한국주택금융공사	감정가	260,000,000원
대지권	55.45㎡ (16.77평)	채무자	한██ 외2명	최저가	(70%) 182,000,000원
전용면적	84.9843㎡ (25.71평)	소유자	한██ 外	보증금	(10%) 18,200,000원
사건접수	2017-01-03	매각대상	토지/건물일괄매각	청구금액	151,044,879원
입찰방법	기일입찰	배당종기일	2017-03-30	개시결정	2017-01-04

기일현황

회차	매각기일	최저매각금액	결과
신건	2017-08-02	260,000,000원	유찰
2차	2017-09-06	182,000,000원	매각

이██/입찰8명/낙찰253,870,000원(98%)
2등 입찰가 : 243,200,000원

	2017-09-13	매각결정기일	허가
	2017-10-23	대금지급기한 납부(2017.10.17)	납부
	2017-11-15	배당기일	완료

배당종결된 사건입니다.

물건현황/토지이용계획
산내중학교 북측 인근에 위치
주위는 아파트단지, 근린생활시설, 학교 등이 소재
인근에 버스정류장이 소재, 대중교통여건은 보통
단지내 포장도로를 이용하여 외곽공도와 연계되어 있음
제3종일반주거지역
위생 및 급배수설비, 승강기설비, 소화전설비, 도시가스에 의한 난방설비 등
철근콘크리트조

📄 토지이용계획/공시지가
📄 부동산정보 통합열람

면적(단위:㎡)
[대지권]
목동동 █████
42,734㎡ 분의 55.45㎡
대지권 55.45㎡ (16.77평)

[건물]
목동동 █████
1108동
15층1504호 아파트
84.9843㎡ 전용
(25.71평)
17층 건축 15층
보존등기일 : 2002-11-26
📄 건축물대장

임차인/대항력여부
배당종기일: 2017-03-30
- 매각물건명세서상 조사된 임차내역이 없습니다
📄 매각물건명세서
📄 예상배당표

등기사항/소멸여부
소유권 이전
2002-11-26 집합
장안종합건설외 1명
보존

소유권 이전
2002-12-04 집합
설██
매매

(근)저당 소멸기준
2008-10-13 집합
한국주택금융공사
290,000,000원

소유권(지분) 이전
2016-12-13 집합
한██ 외 2명
상속

얼마 전 한창 성숙단계에 들어선 파주 신도시에 선호도 높은 전용면적 85㎡의 아파트가 경매로 나왔다. 직주근접 효과를 발휘할 수 있는 대규모 산업단지 내 투자가 진행 중이고, 조만간 교통호재 또한 발표될 예정이어서 단기 급등의 기운이 감지되는 곳이었다.

필자의 조언을 받은 L씨가 최근 상승세를 반영하여 평균 낙찰가율보다 조금 높게 써내 해당 물건을 낙찰을 받았다. 차순위와 무려 1,000만원 정도 차이가 났지만 급매시세보다는 약 2,000만원가량 싼 가격이었다.

산내마을11단지	2017년 4분기	2017.12.11 ~ 2017.12.21	84.98	17	27,000
산내마을11단지	2017년 4분기	2017.12.01 ~ 2017.12.10	84.98	9	25,600
산내마을11단지	2017년 4분기	2017.11.11 ~ 2017.11.21	84.98	1	25,500
산내마을11단지	2017년 4분기	2017.11.01 ~ 2017.11.10	84.98	17	26,000
산내마을11단지	2017년 4분기	2017.10.21 ~ 2017.10.31	84.98	13	26,950
산내마을11단지	2017년 4분기	2017.10.11 ~ 2017.10.21	84.98	2	24,250
산내마을11단지	2017년 4분기	2017.10.11 ~ 2017.10.21	84.98	9	28,200
산내마을11단지	2017년 3분기	2017.8.01 ~ 2017.8.10	84.98	12	27,000
산내마을11단지	2017년 2분기	2017.5.11 ~ 2017.5.21	84.98	1	23,800
산내마을11단지	2017년 2분기	2017.5.11 ~ 2017.5.21	84.98	1	23,800
산내마을11단지	2017년 2분기	2017.4.21 ~ 2017.4.31	84.98	15	29,200
산내마을11단지	2017년 1분기	2017.2.01 ~ 2017.2.10	84.98	14	26,000
산내마을11단지	2017년 1분기	2017.2.01 ~ 2017.2.10	84.98	4	26,200
산내마을11단지	2016년 4분기	2016.10.21 ~ 2016.10.31	84.98	15	25,900
산내마을11단지	2016년 4분기	2016.10.21 ~ 2016.10.31	84.98	8	25,400
산내마을11단지	2016년 4분기	2016.10.11 ~ 2016.10.21	84.98	6	25,900
산내마을11단지	2016년 4분기	2016.10.01 ~ 2016.10.10	84.98	8	27,900

낙찰 후 3개월이 흐른 시점에 예측했던 교통호재가 발표되면서 이 아파트의 가격은 최소 2,000만원 이상 상승했다.

L씨는 경락잔금 대출을 활용하여 1금융권에서 저리로 낙찰가의 70%를 대출받은 뒤 기존 임차인을 내보내고 새로운 임차인과 보증

금 2,000만원, 월 80만원에 월세계약을 체결했다(알다시피 현재는 대출 기준이 많이 변했다). L씨는 직업과 신용도가 좋아 낙찰가의 80%까지 대출받을 수 있었다. 그러나 딱히 급전이 필요한 상황이 아니어서 70%만 대출받고 나머지는 보유한 현금으로 치렀다. 월세 보증금 2,000만원을 환수하고 나니 실제 투자금은 채 6,000만원을 넘지 않았다. 6,000만원으로 향후 5년간 꾸준한 상승이 예상되는 미래가치 높은 아파트를 소유하게 된 것이다.

K씨 역시 같은 지역 아파트를 낙찰받았다. K씨는 임대사업자로 등록했고 해당 아파트가 규제 외 지역에 있어서 사업자 대출을 활용하여 낙찰가의 85%를 대출받을 수 있었다. 잔금납부 후 월세를 놓아 보증금을 받고 나니 실제 투자금은 소소한 부대비용뿐이었다. 월세로 대출이자를 납부하고도 잔액이 조금 남는 구조였다.

미래의 교통호재 및 인근 산업단지 개발 등의 호재를 보고 입찰한 것이어서 두 사람 모두 4년 이상 장기투자를 계획하고 있다. 장기투자라고 해도 투자금이 작거나 전액 회수한 상태여서 심적으로 느긋하다. 하루하루 급변하는 정부정책에 촉각을 곤두세울 필요가 없으니 스트레스도 없다.

부동산 전망이 어두워지는 요즘, 자체적으로 상승 동력을 품고 있는 지역 매물을 경매나 공매로 싸게 매입한다면 좋은 투자전략이 될 것이다.

 요즘 같은 정책변동기에는 신중한 투자가 요구된다. 특히나 서울을 제외한 수도권과 지방권시장의 장기침체가 예상되는 현시점에서는 차별화된 경쟁력을 갖춘 아파트에 투자하는 것이 리스크 관리 차원에서 바람직하다.

앞서 살펴본 사례에서 두 사람 모두 직주근접 효과 및 교통호재로 인해 미래가치가 높은 아파트에 입찰했다. 조정대상지역이 아니어서 대출규제가 없어 장래에 꾸준한 상승이 예상되는 우량 아파트를 소자본으로 매입할 수 있었다. 이렇듯 교통호재가 있거나 주변에 일자리 창출이 예상되는 곳에서는 요즘과 같은 혼돈기 시장에서도 리스크를 최소화하며 수익을 낼 수 있다.

두 사람이 낙찰받고 얼마 지나지 않아, 해당지역에 미래의 혁명적 교통수단이라고 불리는 GTX 연장안이 확정되면서 단기간에 최소 2,000만~3,000만원이 상승했다. 올해 말 GTX 착공과 더불어 한번 더 시세가 상승할 것으로 예견된다. 국내 굴지 기업의 대규모 투자가 가시적 성과를 내는 시점에 관련 하청 기업들이 입주하면서 상주인구가 늘어나 가격이 꾸준히 상승할 것으로 보인다.

L씨와 K씨의 투자 스타일은 다르다. 대출을 많이 받는 것을 꺼린다면 L씨처럼 투자금이 많이 들어도 대출비중을 줄여 스트레스를 줄이는 것이 좋다. 반면에 현재 종잣돈이 부족하다면 K씨처럼 대출 레버리지 효과를 극대화하는 것도 나쁘지 않다.

오랫동안 즐기면서 투자하려면 자신의 투자 스타일을 제대로 파악하여 스트레스를 줄여나갈 필요가 있다.

이기는 경매 전략

경매투자, 다양한 대출상품 활용으로 수익을 높일 수 있다

경매투자를 하다보면 대출의 중요성을 절감하게 된다. 누구나 종잣돈은 한정되어 있기 때문이다. 일반적으로 법적인 하자가 없는 주거용 건물과 달리, 법적인 하자가 있는 소위 특수물건은 대출이 아예 안 되거나 담보대출 비율이 현저히 낮아 원금이 장기간 묶이는 단점이 있다.

그렇다면 대출을 조금이라도 더 받을 수 있는 방법은 없을까?

먼저 1금융권만을 고집하지 말고 신협이나 수협, 단위 농협, 새마을금고 등 2금융권을 활용하는 방법이 있다. 대출이자는 조금 비싸더라도 담보대출 비율이 높아 대출이자를 훨씬 상회하는 수익률이 예상된다면 적극 활용해볼 만하다.

그리고 금융서핑을 하다 보면 2금융권에서 한시적으로 특판하는 대출상품들을 종종 발견할 수 있다. 마케팅 차원에서 아파트 등 특정종목에 대해 우대금리를 적용하는 대출상품을 출시하기도 하는데, 이런 특판상품의 금리는 1금융권 대출금리보다 낮은 경우가 많다. 각 은행의 금리를 비교해주는 웹 사이트를 알아두거나 유능한 대출알선사 한두 명과 친분을 맺어둬도 대출 시 여러모로 유리하다.

평소 신용관리를 잘해왔다면 신용대출을 활용하여 담보대출 비율을 높일 수도 있다. 평균적인 담보대출 비율이 낙찰가의 80%라면 여기에 신용대출 10%를 더해 90%까지도 대출을 일으킬 수 있다는 말이다. 이 경우 입찰보증금 10%만으로도 경매투자를 할 수 있다는 말이 결코 허언이 아니다.

주거용 건물의 경우 소액임차인의 보증금은 경매절차에서 최우선변제가 되므로 소액보증금을 공제하고 대출해주는 이른바 '방빼기'가 금융업계의 관행이다. 보증보험회사의 보증이 있을 경우, 방빼기 없이 대출해주는 MCI 모기지 보험제도 등을 활용할 수도 있다.

특수물건이라면 법적인 하자가 있더라도 공신력 있는 로펌의 의견서를 첨부하여 대출을 받아낼 수도 있다. 위장임차인, 허위 유치권, 대지권 미등기, 건물만 입찰, 토지만 입찰 등 복잡한 특수물건도 해결방법을 적절하게 기술한 의견서가 있으면 대출이 가능하니 적극 활용해보자.

한편, 정부의 고강도 부동산정책으로 담보대출 비율이 현저히 줄어든 현시점에서 활용할 수 있는 금융기법도 있다. 바로 P2P(Peer to Peer) 대출이다. 클라우드 펀딩의 일종인 P2P 대출은 과거에는 신용대출이 주 종목이었다. 그러나 요즘에는 무담보의 고수익보다는 안정성을 갖춘 중수익을 선호하는 업계의 수요에 부응하여 담보대출로 방향을 선회하고 있다. 잔여 담보가치가 많이 남아 있음에도 금융권의 담보대출 비율이 낮아져 자금융통이 어려운 수요자와 안정적인 담보로 은행금리를 훨씬 상회하는 고수익을 얻으려는 불특정 다수의 투자자를 P2P 회사가 자체 플랫폼을 통해 연결해주고 수수료를 지급받는 방식이다.

  이율이 다소 높긴 하지만 자신이 보유한 부동산의 담보가치를 최대한 활용할 수 있다는 장점이 있다. 따라서 중금리의 이자를 내고도 수익이 발생한다는 확신만 있다면 고려해볼 만한 대안이다. 나아가 P2P 업체의 활성화로 기존 고금리 대부업체들도 중금리로 영업방향을 바꾸고 있으므로, 인터넷 서핑하며 손품을 팔면 자신의 수요에 맞는 적절한 대부업체를 찾아낼 수 있을 것이다.

규제 속에서도 빛나는 대박 물건 찾기

정부가 바뀌면서 부동산 관련 제도도 많이 바뀌었다. 대출규제와 세제강화 등 규제책도 본격 시행되고 있다. 투자자 비중이 높은 경매시장에서는 대출규제 등의 여파로 입찰 경쟁률과 낙찰가율 동시 하락이 불가피해 보인다. 경쟁 없이 저렴하게 다양한 부동산을 매입할 수 있으니 경매하기에는 참 좋은 시절이 도래한 것이다.

얼마 전 일산 신도시 인근 택지개발지구 내 아파트가 경매로 나왔다. 선호도 높은 대단지 브랜드 아파트에 커뮤니티 시설이 잘 갖춰져 지역 주민들의 만족도가 꽤 높은 아파트였다. 전용면적 약 134㎡(48평)의 대형 아파트였지만, 단지 내 주력 전용면적이라 임대와 매매 수요 모두 충분했다. 감정가 5억 7,000여만원에 한 차례 유찰되어 최저가가 4억원 미만으로 떨어졌으며, 시세는 감정가를 살짝 웃도는 5억 8,000만원대에 형성돼 있었다.

소재지	(10321) 경기도 고양시 일산동구 식사동 ▓▓▓▓▓▓▓▓▓▓▓▓▓▓ 제404호				
	[도로명] 경기도 고양시 일산동구 ▓▓▓▓▓▓ ▓▓ 제404호 [식사동 1487 위시티일산자이1단지]				
용도	아파트	채권자	유엔제칠차유동화전문 유한회사	감정가	569,000,000원
대지권	대지권미등기	채무자	전▓▓	최저가	(70%) 398,300,000원
전용면적	133.6079㎡ (40.42평)	소유자	전▓▓	보증금	(10%) 39,830,000원
사건접수	2017-04-11	매각대상	토지/건물일괄매각	청구금액	488,340,592원
입찰방법	기일입찰	배당종기일	2017-07-03	개시결정	2017-04-12

기일현황

회차	매각기일	최저매각금액	결과
신건	2017-09-13	569,000,000원	유찰
2차	2017-10-25	398,300,000원	매각
이▓▓/입찰3명/낙찰463,897,000원(82%) 2등 입찰가 : 434,700,000원			
	2017-11-01	매각결정기일	허가
	2017-12-08	대금지급기한 납부 (2017.11.30)	납부
	2017-12-20	배당기일	완료
배당종결된 사건입니다.			

물건현황/토지이용계획

"양일초등학교" 남서측 인근에 위치

주위는 대단위 아파트단지 및 각급 학교, 각종 근린생활시설 등이 혼재

인근에 노선버스정류장 등이 소재, 제반 교통사정은 보통

단지내 포장도로를 이용하여 인근 외곽공도와 연계

위생 및 급배수설비, 소화전설비, 승강기설비, 지역난방설비 등

철근콘크리트조

면적(단위: ㎡)

[대지권]
식사동 ▓▓▓
대지권미등기
대지권미등기이나 감정에 포함

[건물]
식사동 ▓▓▓
104동
4층404호 아파트
133.6079㎡ 전용
(40.42평)
29층 건중 4층
보존등기일 : 2010-10-12

임차인/대항력여부

배당종기일: 2017-07-03
- 채무자소유자점유

등기사항/소멸여부

소유권	이전 집합
2010-10-12	
디에스디삼호	
보존	
소유권	이전 집합
2010-10-29	
무궁화신탁	
신탁	
소유권	이전 집합
2011-03-23	
디에스디삼호	
신탁재산의귀속	
소유권	이전 집합
2011-03-23	
무궁화신탁	
신탁	

대지권 미등기로 분류되어 언뜻 법적인 문제가 있어 보이지만, 대지권 미등기 아파트여도 토지와 건물을 함께 감정평가하여 경매 절차를 진행한다면 별다른 문제가 없는 것이 보통이다. 입찰해도 괜찮다는 필자의 조언을 받은 L씨는 시세보다 1억원 이상 저렴한 4억 6,000만원대에 응찰해 낙찰받았다. 전세가가 4억 7,000만원 이상 형성되어 있었으니 전세가보다 저렴한 가격이었다. 규제강화로 위축된 시장분위기를 보여주듯 응찰자도 단 3명이었다.

고양시 전체가 규제대상지역으로 묶여 있었지만, 임대사업자로

등록했던 L씨는 사업자대출로 낙찰가의 80%를 대출받아 무사히 잔금을 납부했다. 성품이 온유하여 이사비를 넉넉히 주는 조건으로 잔금 납부 전에 이미 명도를 마치고 곧바로 임차인을 물색했다.

원래 L씨는 4억 7,000만원에 전세를 놓아 곧바로 투자금을 전액 회수하고 장기투자에 임할 생각이었다. 그러나 매물이 원체 귀하다 보니 대출금이 좀 남아 있어도 조건만 맞으면 임차인을 들일 수 있다는 공인중개사의 조언에 따라, 대출금 1억 5,000만원을 남기고 보증금 3억 8,000만원에 전세를 놓았다.

▨▨▨자이1단지	2017년 3분기	2017.8.01 ~ 2017.8.10	133.61	5	57,600
▨▨▨자이1단지	2017년 2분기	2017.5.21 ~ 2017.5.31	133.61	15	57,500
▨▨▨자이1단지	2017년 2분기	2017.4.11 ~ 2017.4.21	133.61	23	56,750
▨▨▨자이1단지	2016년 4분기	2016.10.01 ~ 2016.10.10	133.61	6	49,500
▨▨▨자이1단지	2016년 2분기	2016.6.01 ~ 2016.6.10	133.61	10	57,000
▨▨▨자이1단지	2016년 1분기	2016.2.11 ~ 2016.2.21	133.61	11	56,500
▨▨▨자이1단지	2015년 4분기	2015.10.21 ~ 2015.10.31	133.61	22	59,700
▨▨▨자이1단지	2015년 3분기	2015.7.11 ~ 2015.7.21	133.61	25	59,000
▨▨▨자이1단지	2015년 2분기	2015.6.01 ~ 2015.6.10	133.61	7	57,500
▨▨▨자이1단지	2015년 1분기	2015.1.21 ~ 2015.1.31	133.61	13	60,000
▨▨▨자이1단지	2014년 4분기	2014.12.01 ~ 2014.12.10	133.61	11	57,500
▨▨▨자이1단지	2014년 3분기	2014.9.11 ~ 2014.9.21	133.61	17	53,000
▨▨▨자이1단지	2014년 3분기	2014.7.01 ~ 2014.7.10	133.61	28	58,797
▨▨▨자이1단지	2014년 2분기	2014.4.11 ~ 2014.4.21	133.61	28	56,353
▨▨▨자이1단지	2014년 2분기	2014.4.01 ~ 2014.4.10	133.61	15	62,400
▨▨▨자이1단지	2013년 3분기	2013.9.01 ~ 2013.9.10	133.61	10	55,000
▨▨▨자이1단지	2013년 2분기	2013.4.01 ~ 2013.4.10	133.61	1	68,437
▨▨▨자이1단지	2013년 1분기	2013.1.01 ~ 2013.1.10	133.61	26	57,000
▨▨▨자이1단지	2011년 1분기	2011.2.01 ~ 2011.2.10	133.61	5	68,451
▨▨▨자이1단지	2011년 1분기	2011.2.01 ~ 2011.2.10	133.61	8	68,451

결국 L씨는 누구나 선호하는 대단지의 브랜드 아파트를 자기 돈 한 푼 들이지 않고 매입했을 뿐 아니라, 오히려 약 6,000만원의 종잣돈을 추가로 손에 쥐게 된 셈이다. 요즘 투자자들 사이에서 회자되는

무피투자가 아니라 오히려 종잣돈이 늘어나는 플피투자에 성공한 것이다.

추가된 종잣돈에서 2년치 이자를 미리 제하고 재투자하면 스트레스 없이 투자를 즐길 수 있다는 필자의 조언에 따라, L씨는 현재 실투자금 4,000만원 내외의 임대사업용 소형 아파트를 물색하고 있다.

대출규제와 세제강화 등 중첩된 규제로 시장이 암울해보여도 이렇듯 보석처럼 빛나는 투자사례들은 많다. 정부정책에 순응하되 그 틈새를 찾아 수익을 내는 것이야말로 올해의 실패 없는 경매 투자전략이다.

L씨는 경매에 입문한 지 이제 1년도 채 되지 않은 경매 초보다. 사운드 엔지니어인 남자친구에게 방음이 잘되는 작업실을 마련해주고 싶어 경매를 시작했다. 종잣돈이 넉넉하지 않아 살고 있는 전셋집을 월세로 돌리고 그 보증금으로 첫 번째 경매투자에 도전했다.

특이한 것은 L씨가 낙찰 경험이 없는 초보임에도 짧은 기간에 실력을 쌓아 생애 처음으로 도전한 물건이 사람들이 두려워하는 유치권 신고 물건이었다는 것이다. 이 물건 또한 비록 그럴듯하게 외관을 꾸며놓았지만 허위 유치권임이 분명했다. L씨는 필자의 조언을 받아 형사고소와 이사비 제시라는 압박 및 회유를 적절히 구사해 채 3개월도 안 되는 시점에 유치권자를 내보낼 수 있었다.

종잣돈이 많지 않은 L씨로서는 아무리 수익률이 높아보여도 장기간 투자금이 묶이는 특수물건 투자는 지양해야 했다. 그러나 허위권리임이 분명한 유치권은 단기간 내 해결이 가능하다는 조언을 믿고 용기있게 실행해 소중한 결실을 얻을 수 있었다.

단 한 번의 투자로 종잣돈을 두 배로 불린 L씨가 두 번째로 낙찰받은 물건이 바로 앞 사례의 물건이다. 언뜻 보면 쉽게 접근할 수 없는 물건 같아 보이지만 대지권 미등기에 관한 공부를 조금 더 깊이 있게 하면 법적으로 크게 하자가 없다는 것을 알 수 있다.

물론 여기서 그치면 안 된다. 대지권 미등기의 사유에 따라 수억 원을 더 부담해야 할 수도 있고, 대지권이 없는 아파트는 이후 매도 시 매수자를 찾기 어려우므로 매매가를 조금 낮추는 등 문제가 발생했을 때 대비할 전략을 미리 마련해 놓아야 한다. 이러한 해결방법을 배운 L씨는 과감하게 도전해서 고수들도 쉽지 않다는 플피투자에 성공했다.

종잣돈이 부족해서 고민이라면 L씨의 투자방법을 진지하게 공부해보자.

경매의 전설 또 다른 이야기

잘못 낙찰받았다면, 매각불허가 신청을 적극 활용하자

얼마 전, 인천 서구 왕길동 소재 아파트가 경매로 나왔다. 선호도 높은 크기에 인천 지하철 2호선역이 단지 코앞에 위치한 초역세권 아파트였다. 감정가는 시세보다 낮은 3억원에 한 차례 유찰을 거쳐 최저가가 2억 1,000만원에 형성되어 있었다.

소유자 세대가 직접 점유하고 있어 권리분석도 용이하고 명도부담도 작았지만 숨은 문제가 있었다. 법원에서 제공하는 매각물건명세서에 대지권 등기가 되어 있지 않은 '대지권 미등기' 아파트이므로 유의하라는 문구가 기재되어 있었던 것.

대지권 미등기의 사유가 수분양자가 분양대금을 미납한 것 때문이라면, 낙찰자가 대지권 등기를 하기 위해서 수분양자가 미납한 분양대금을 전액 대납해야 하는 경우가 생겨 문제가 될 수 있다.

그런데 이 사건 아파트는 사실관계가 애매했다. 매각물건명세서상 시행사는 수분양자가 분양대금을 미납하여 대지권 등기를 해줄 수 없다고 주장하는데, 법원에서 직권으로 확인한 내용에 따르면 분양대금이 이미 완납되었다고 기재되어 있었기 때문이다.

이 물건을 낙찰받은 의뢰인 A씨가 낙찰 직후 확인한 결과, 시행사는 수분양자가 분양대금 일부를 미납한 것이 분명하므로 수분양자든 낙찰자든 분양잔금을 납부하기 전까지는 대지권 등기를 해줄 수 없다는 강경한 입장이었다.

아무런 문제가 없는 물건으로 판단하고 고가에 낙찰받은 A씨는 매각불허가 결정을 받기 원했다. 매각허가 결정이 나면 A씨로서는 2,400여만원에 달하는 입찰보증금을 포기할 수밖에 없는 상황이었다.

낙찰받은 때로부터 매각허가결정이 있기까지 1주일 동안 최고가 매수인을 포함한 이해관계인들은 매각허가에 대한 이의신청을 할 수 있다. 이의신청이 받아들여지면 재경매가 진행되지만, 허가결정이 나면 즉시항고를 해야 한다. 즉시항고는 낙찰가의 10%를 보증금으로 제공해야 하므로 우리는 부담이 덜한 매각불허가 신청에 총력을 기울였다.

주장의 요지는 다음과 같았다. 매각물건명세서의 작성취지는 입찰자들이 적정가격에 입찰할 수 있도록 정확한 정보를 제공하는 데 있다. 그러나 이 사건에서는 수분양자의 분양대금 납부여부가 불명확하게 기재되어 '매각물건명세서 작성에 중대한 하자'가 있으니 불허가가 불가피하다는 내용이었다. 결국 매각불허가 신청이 받아들여져 A씨는 소중한 입찰보증금을 되찾을 수 있었다.

경매매물 중에는 언뜻 일반물건처럼 보여도 이처럼 위험요소가 내재된 물건이 있으니 유의해야 한다. 다만, 낙찰을 잘못 받았다는 판단이 들면 보증금을 쉽게 포기하지 말고 매각불허가 신청, 즉시항고 등 권리를 되찾기 위한 수단을 적극 활용할 필요가 있다.

실전사례 15

잊고 지냈던 공매 물건에서 뜻밖의 수익이!

필자는 실전물건을 추천하는 강의 도중에는 절대 개인적으로 투자하지 않는다. 수익률 높은 물건은 내 쪽에서 투자하고, 평균적인 물건만 추천해준다는 오해를 받기 싫어서다. 오래전에 정한 이 룰을 지금껏 한 번도 어겨본 적이 없다.

그런데 강의 도중 본의 아니게 투자하게 된 적이 있다.

당시 경매물건은 어느 정도 검색이 완료된 터라 공매 쪽으로 눈을 돌려 추천물건을 찾고 있었다. 검색 중 용인시 상현동에 신축된 아파트가 무더기로 공매에 나온 것이 눈에 띄었다. 수차례 유찰을 거쳐 당시 최저가는 감정가의 40%대. 감정가가 연일 상승세를 타는 시세를 제대로 반영하지 못하여 시세 기준으로 보면 30%대까지 떨어진 매물이었다.

신분당선 상현역과 성복역 중간에 위치한 대단지 아파트로 국내 굴지 기업인 H건설이 시공하여 브랜드 가치가 높았고, 인근 초등학교가 혁신초등학교로 지정되어 학부모들의 선호도 또한 꽤 높은 아파트였다. 우량한 아파트임에도 이렇듯 유찰을 거듭한 이유가 뭘까? 전체 매각이 아니라 2분의 1지분 공매이기 때문이 아닐까 하는 생각이 얼핏 들었다. 알아보니 시행사가 여럿 있었는데, 그 시행사들 명의로 각 지분만큼 보존등기가 되었다가 그중 일부 지분만 세금체납을 이유로 공매에 나온 사안이었다.

그러나 신분당선 개통으로 미래가치가 확연히 올라갈 중형 크기의 새 아파트가 단지 지분매각이라는 이유만으로 여섯 차례나 유찰될 리 없다고 생각하고 매각물건명세서를 꼼꼼히 훑어보았다. 역시 다른 이유가 있었다. H건설이 무려 80여억원 상당의 유치권을 신고해둔 것이다.

유치권 신고서에 첨부된 사진을 보니 현관 앞에 유치권 행사 중이라는 공지문이 떡하니 붙어 있었고, 그마저도 용접해놓은 듯 투박하게 마감되어 있었다. 신축아파트에 시공사가 H건설인 만큼 유치권은 진정한 것으로 보였다.

이런 류의 물건은 유치권 금액을 인수하고도 손해 보지 않는 선에서 낙찰받아 적절히 협상하여 해결하는 것이 일반적이다. 그러나 유치권 신고 금액이 너무 컸다. 전체 유치권 신고금액이 80억원 이상인데 공매에 나온 매물이 10개 정도였으니 산술적으로 1채당 인수해야 할 금액만 8억원 이상이었다. 감정가가 2억 8,000만원 정도에 최저가가 1억 3,000만원대까지 떨어진 매물인데 인수해야 할 금액이

8억원이라니. 일반 사람들이 보기에는 기가 찰 만한 물건이었을 것이다.

그러나 경매계에서 산전수전 다 겪은 내 눈에는 꽤 괜찮아 보이는 물건이었다. 당시 필자가 대표로 있는 로펌에서 H건설과 소송 중인 사건이 하나 있었는데, 그 사건에서 드러난 사실관계를 종합해보면 이 사건의 유치권은 성립되기 어려워 보였다. 복잡한 이론을 떠나, 당시 H건설이 신고한 유치권은 이 사건 현장에서 발생한 공사대금이 아니라 동일한 시행사와 진행한 다른 현장에서 받지 못한 공사대금이었기 때문이다.

유치권이 성립하려면 목적물 자체에서 발생한 채권이라는 요건이 충족되어야 한다. 전문용어로 이를 '견련관계'라고 한다. 다른 현장의 공사대금 미수금으로 이 사건 현장에 유치권을 신고했기 때문에 결국 이 견련관계가 인정되기 어렵다고 판단했다. 현장에 나가보니, H건설은 이 사건의 공매물건 낙찰자들과 적정금액에 협의하는 방법으로 사태를 해결하고 있었다.

최저가가 현재 합의금을 떠안아도 손해가 없는 선까지 떨어진 상태라 원금손실 리스크는 사실상 전무했다. 주변에 추천해줘도 괜찮겠다는 생각이 들어 강의시간에 이 물건들을 소개했더니, 입찰을 원하는 분들이 있어 각각 물건을 나누어 입찰하기로 했다. 그런데 다 나눠주고도 매물이 하나 남았다. 이 임자 없는 물건을 어떻게 처리할까 고민하다가 당시 수고하던 직원들에게 넘겨주었다. 직원들이 남 좋은 일만 시키지 말고 오랜만에 공동투자를 해보는 게 어떻겠느냐고 제안해와 결국은 필자도 투자에 참여했다.

개찰 당일 예상했던 대로 경쟁자가 많지 않아 우리 쪽에서 10개 전부를 낙찰받았다. 낙찰가는 감정가의 40%대가 주류였고 간혹 로열층, 로열동의 우량 매물은 경쟁이 있을 것 감안해 조금 높게 쓴 것이 주효했다.

그런데 낙찰의 기쁨도 잠시, 이상한 기운이 감돌았다. 갑작스러운 변수가 생긴 것이다. 현장조사팀에게서 지분 공유자가 우선매수청구권을 행사할 것 같다는 보고가 들어왔다. 이 공유자는 10분의 1지분을 선점하고 있던 회사였다. 경매는 공유자 우선매수청구권을 입찰 당일 경매법정에서 행사해야 유효하지만, 공매는 매각허가결정기일까지만 행사하면 된다. 공매는 주로 목요일에 개찰하는데 허가결정은 보통 월요일에 이루어진다 그러다보니 우선매수청구권 행사에 사흘 정도 시간적 여유가 있다. 만약 이 기간 내에 공유자가 우선매수청구권을 행사한다면 우리는 낙찰자로서의 권리를 공유자에게 빼앗기고 결국 헛힘만 쓴 꼴이 되는 셈이었다.

> 우선매수청구권이란 자산의 소유자가 자산을 제3자에게 매도하기 전에 같은 조건으로 매수할 수 있는 권리를 말한다.

국내 굴지의 메이저 건설사로부터 80억원에 달하는 유치권이 신고된 물건을 해결할 사람이 우리 말고 또 누가 있겠느냐는 방심이 결국 탈을 내고 말았다. 미리 10분의 1지분을 선점하고 있던 경매컨설팅업체로 추정되는 공유자가 공유자 우선매수청구권을 하나둘 행사하기 시작했다. 그렇게 월요일까지 공유자 우선매수청구를 당한 것이 도합 9개였고, 공교롭게도 필자가 직원들과 공동투자했던 물건만 우선매수청구권 행사를 당하지 않았다. 결과적으로 10개 중 1개만 낙찰받은 셈이었다.

공유지분 물건은 상대방 지분권자와 협상하여 해결하는 것이 가장 효율적인 방법이다. 그러나 당시 급할 것이 없었던 우리는 상대방이 알아서 처리하기를 기다리며 그냥 방치해두었다. 곧 사정이 급한 그쪽에서 공유물분할청구소송을 제기해왔다. 공유물을 경매로 매각해서 그 대금을 지분대로 나눠 갖게 해달라는 청구였다. 판사는 경매로 매각하면 가치가 떨어지니 우리쪽 지분을 상대가 매입하거나 혹은 상대 지분을 우리더러 매입하라며 계속 합의를 유도했다. 그러나 그쪽이나 우리쪽이나 시큰둥한 반응을 보이자 결국은 원칙대로 경매매각분할로 판결 났다.

이 판결에 기해 환가를 위한 형식적 경매가 진행되자, H건설에서 또다시 유치권 신고서를 접수해왔다. 이번에는 80억원이 아니라 무려 2,200억원이었다. 지난번에는 공사대금 미납금으로 유치권을 신고한 것이고, 이번에는 도급계약서상 공사대금 총액을 그대로 신고한 것으로 보였다. 유치권 금액을 현저히 부풀려 신고했으니 명백히 불법행위지만, 형사고소를 해도 고의가 없다는 등의 이유로 처벌이 어려운 게 실무다.

그동안 몇몇 물건이 낙찰되었는데, 낙찰자들이 H건설과 합의 없이 문을 뜯고 무단침입한 경우가 많아 H건설이 독을 품고 있다는 소리가 들려왔다. 소송해도 오래 걸릴 것이고, 협상한다 해도 독을 품은 H건설이 많은 금액을 양보할 것 같지 않았다.

이런 류의 물건에서 수익을 내는 방법은 두 가지다. 첫 번째는 우리가 2분의 1 지분을 시세의 40%대에 낙찰받았으니 그 이상 높게 낙찰되기를 기다렸다가 배당받는 방법이다. 두 번째는 H건설 유치권 때문에 최저가가 많이 떨어지면 우리가 방어차원에서 입찰한 뒤 H건설과 한판 승부를 벌이는 방법이다.

메이저 건설회사의 신축아파트 유치권인 데다 그 금액이 2,200억원이나 되니 일반 사람들이 입찰하기는 어려울 것으로 보였다. 우리가 걱정해야 할 상대는 다른 지분권자였다. 유치권의 존재를 뻔히 알면서도 잔여지분을 취득하기 위해 공유자 우선매수청구권을 행사했을 정도니 방어입찰을 해올 가능성이 높았다.

직원들과 협의를 했다. 우리가 높은 금액으로 방어입찰해서 낙찰받은 뒤 H건설과 또다시 한판 싸움을 벌일 것인가, 아니면 그냥 상대 지분권자가 낙찰받아 가기를 기다린 후 매각대금의 2분의 1을 배당받을 것인가가 논제였다.

결국 70%대까지는 기다려보고 한 차례 더 유찰되면 그때 입찰하자는 결론을 내렸다. 다들 낙찰받고 1년 이상 소송하는 것보다 수익이 작더라도 그냥 털고 나오자는 마음이 컸다. 상대 지분권자도 이번에는 응찰하기 쉽지 않을 것이라는 안일한 생각도 한몫 거들었다.

그러나 우리의 예상과 달리 상대 지분권자는 최저가보다 조금 높은 금액으로 입찰해왔다. 단독입찰이었다. 상대 지분권자가 아파트 전체를 소유하게 된 것이다. 이제 H건설과의 싸움은 온전히 그들 몫이 되었다. 이제나저제나 낙찰자가 생기기만을 기다리며 독을 품고 있는 H건설을 상대로 그들이 과연 온전히 승소할 수 있을지 앞으로의 추이가 자못 기대된다.

우리는 시세 대비 40% 정도에 낙찰받아 시세 대비 70% 정도의 금액을 배당받았으니 투자금 대비 약 60% 정도로 소소하게 수익을 챙겼다. 지금까지의 실적에 비하면 초라한 수익률이지만 그래도 만족한다. 방어입찰하여 낙찰받고 H건설과 소송까지 가서 승소하면 산술적인 수익률은 물론 높아질 것이다. 하지만 때로는 조금 작더라도 스트레스 없이 수익을 낼 필요도 있는 법이다.

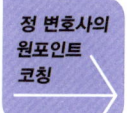

재개발이나 재건축 사업장 혹은 굴지의 건설사를 끼고 진행하는 대규모 시행사업에서는 건설사의 유치권이 신고된 매물이 많이 나온다. 실제 공사한 것이 사실이고 출입구를 봉쇄한 채 열쇠를 보관하는 방법으로 점유하는 경우가 대부분이어서 건설사의 유치권은 깨뜨리기가 쉽지 않다.

그러나 전혀 불가능한 것도 아니다. 유치권자에게 막강한 권리가 부여되는 만큼 유치권의 성립요건이 까다롭고 충족하기 어려워 가끔 허점이 노출되는 경우가 있기 때문이다. 이 사건도 마찬가지였다. 실제 내막을 깊이 파고들면 유치권이 성립하기가 쉽지 않은 사안이었다.

우리는 시공사인 H건설이 이 사건의 아파트 시공 현장뿐만 아니라 다른 현장에서도 동일한 시행사와 신축공사를 진행한 사실을 밝혀냈다. 이 사건 현장에서 주장하는 공사대금의 태반이 다른 현장에서 발생한 공사대금이라는 정황도 포착했다. 이를 바탕으로 다른 현장에서 발생한 공사대금으로는 견련관계가 없어 유치권을 주장할 수 없다는 결론을 내릴 수 있었다.

이렇듯 건설사의 유치권도 난공불락의 요새는 아닌 만큼 너무 두려워하지 말고 유치권이 신고된 금액의 정확성, 혹은 공사대금 체불이 발생한 경위 등의 내막을 철저히 캐볼 필요가 있다.

필자는 대형 건설사의 유치권이 존재한다는 대법원 확정판결이 있는 사안을 다시 1심부터 소송을 진행하여 보란 듯이 뒤집은 전력이 있다. 앞서도 언급했듯, 유치권 확정판결이 있더라도 새로운 낙찰자는 별도의 소송을 벌일 수 있고, 전 소송에서 다루지 않은 쟁점을 주장하여 얼마든지 확정판결을 뒤집을 수 있다. 쉽지 않은 여정이지만 그만큼 수익이 크므로 도전해볼 만한 가치는 충분하다. 여기에 열정과 실력을 겸비한 전문가의 보조가 있다면 금상첨화다.

> 경매는 돈을 빌려주고 못 받은 개인이 신청하는 경우가 태반이지만, 공매는 세금체납을 이유로 국가가 주체가 되어 진행되는 경우가 대부분이다. 아직 시장참여자가 많지 않아 경쟁률이 낮고, 감정가 대비 낙찰금액 비율인 낙찰가율도 경매에 비해 낮은 편이다.
> 온라인 입찰로 진행되어 여러모로 편리하고 경쟁률도 낮아 상대적으로 수익성이 높은 공매 절차에도 관심을 가져보자.

경매의 전설 또 다른 이야기

공부상 기재와
현황상 표시가 다른 물건

앞서도 수차례 언급했듯이 특수물건은 해법을 정확히 알면 안전하다. 반면에 해법을 모르면 더없이 위험하다. 작게는 보증금을 잃을 수도 있고 크게는 예상치 못한 터무니없는 금액을 인수할 수도 있으며, 오랜 시간 스트레스를 받으며 비용과 시간을 낭비할 수도 있다. 그래서 특수물건에는 늘 신중하게 접근해야 한다.

자신이 아는 만큼만 리스크가 보이는 까닭에 특수물건임에도 위험성을 간과하고 사람들이 쉽게 접근하는 물건유형이 있는데, 대표적인 것이 공부상 기재와 현황상 표시가 다른 물건이다. 아래의 물건도 이와 같은 경우다.

사건	2015타경25** 부동산임의경매	매각물건번호	1	담임법관 (사법보좌관)	문OO
작성일자	2016.03.17.		최선순위 설정일자	2009.08.20. 근저당권	
부동산 및 감정평가액 최저매각가격의 표시	부동산표시목록 참조		배당요구종기	2015.04.20. / / / / / /	

부동산의 점유자와 점유의 권원, 점유할 수 있는 기간, 차임 또는 보증금에 관한 관계인의 진술 및 임차인이 있는 경우 배당요구 여부와 그 일자, 전입신고일자 또는 사업자등록신청일자와 확정일자의 유무와 그 일자

점유자의 성명	점유부분	정보 출처 구분	점유의 권원	임대차 기간 (점유기간)	보증금	차임	전입신고일자 · 사업자등록 신청일자	확정일자	배당요구여부 (배당요구일자)
이OO	본건전부	현황조사	주거 임차인	미상	60,000,000원	없음	2007.02.22.	미상	

〈비고〉
이OO : 별지 기재 구분건물 제2층 제1호와 그 옆 호수 제2층 제2호는 공부(등기부 및 건축물대장의 현황도)와 현황(현관문 호수)이 서로 뒤바뀌어 있는바, 임차인의 점유는 현황상(현관문의 호수)제2층 제1호를 기준으로 판단함.

※ 최선순위 설정일자보다 대항요건을 먼저 갖춘 주택.상가건물 임차인의 임차보증금은 매수인에게 인수되는 경우가 발생할 수 있고, 대항력과 우선 변제권이 있는 주택.상가건물 임차인이 배당요구를 하였으나 보증금 전액에 관하여 배당을 받지 아니한 경우에는 배당받지 못한 잔액이 매수인에게 인수되게 됨을 주의하시기 바랍니다.

공부(公簿), 즉 건축물대장이나 등기부 같은 공적장부상으로는 분명 201호가 맞는데, 막상 현장에 가보면 문 앞에 202호라는 표찰이 떡하니 붙어 있는 경우다. 즉 경매로 201호를 낙찰받았다고 생각했는데, 건축물대장의 도면이나 건축허가서 등의 공적장부를 종합해보면 사실은 202호인 것으로 밝혀지는 황당한 경우다.

이런 사례는 옛날에 지어진 빌라에 많다. 건축주가 빌라를 신축해 분양할 때 건축물 대장상의 도면을 잘못 해독하여 호수를 나타내는 표찰을 엉뚱하게 붙이는 경우다. 현관으로 들어가서 왼쪽이 1호 라인이고 오른쪽이 2호 라인이어서 201호는 왼쪽라인에 표찰을 붙여야 하는데, 반대로 붙이는 바람에 건물 전체의 호수가 뒤바뀐 것이다.

이런 경우 그 위험성에 대한 인식이 부족했던 과거에는 별다른 공지 없이 경매가 진행되어 실제 경매법정 밖에서 집을 넘겨받는 절차, 즉 명도와 관련하여 분쟁이 많이 일어났다. 현황상 표시가 잘못되었다 하더라도 201호가 경매로 진행되었고, 경매와 관련된 모든 서류도 201호로 송달되었으며, 201호의 당사자도 자신이 살고 있는 집이 경매에 들어간 사실을 분명히 인지할 것이다. 그러니 낙찰자는 원래대로 201호를 명도받으면 되지 않을까? 이런 시각으로 접근하면 한없이 쉬울 것 같지만 현실은 다르다.

대법원 판례가 이 경우 낙찰자가 현황상 표시대로 소유권을 취득하는 것이 아니라 건축물대장상의 도면에 기재된 대로 소유권을 취득한다고 판시하고 있기 때문이다. 권리상의 표시는 등기부를 기준으로, 사실의 표시는 건축물대장을 기준으로 판단한다는 원론에 충실한 해석이므로 대법원을 탓할 수도 없다. 결국 판례대로라면, 공부상 201호 건물에 경매가 진행되게 되면 낙찰자는 표시상 201호를 취득하는 것이 아니라 그 옆 호수인 202호 건물(건축물 도면상 201호)을 취득하게 된다. 따라서 낙찰자는 원칙적으로 표시상 202호 소유주를 상대로 명도를 진행해야 한다.

그러나 모든 경매절차가 표시상 201호를 기준으로 진행되었는데 낙찰자가 그동안 아무 문제없이 살고 있던 202호를 찾아가 이 집을 낙찰받았으니 넘겨달라고 요구한다면 202호 소유주가 순순히 넘겨줄까? 멀쩡한 자기 집을 잃게 생겼으니 사생결단으로 소송에 임할 것이다. 201호를 낙찰받았는데 202호의 명도를 구하는 건 신의칙에 반한다거나, 202호에 10년 이상 소유의 의사로 살았으니 등기부취득시효가 완성되었다거나, 20년 이상 살았으니 점유취득시효가 완성되었다며 자신이 진정한 권리자라고 주장할 것이다.

대법원의 판단대로라면 낙찰자 측이 당연히 승소해야겠지만 소송은 살아 움직이는 생물과도 같아 어떠한 변수가 생길지 모른다. 202호 소유자가 억울한 나머지 항소에 상고를 거듭한다면 경매로 낙찰받고도 2, 3년 후에나 입주하게 되는 불상사가 발생할 수도 있다. 그동안 들어갈 마음고생과 비용, 시간을 고려하면 특수물건도 이런 특수물건이 없다.

물론 원래 낙찰받은 표시상 201호를 상대로 명도하면 되지 않느냐고 반론할지 모른다. 그러나 낙찰자가 취득하는 건 표시상 202호이고 이 같은 사실을 표시상 201호 소유자 혹은 임차인이 인지하고 있다고 치자. 이 경우 당연히 명도를 구하는 인도명령이나 소송절차에서 표시상 202호를 낙찰받은 사람이 엉뚱한 곳에 와서 명도를 구한다는 취지로 반박할 경우 여지없이 기각될 수 있어 문제다. 결국 공부상 기재와 표시상 기재가 달라 표시상 201호도, 202호도 명도가 만만치 않다.

이러한 심각한 문제가 내포되어 있음에도 과거에는 '공부와 현황상의 기재가 불일치함'이라는 간단한 기재만으로 경매절차가 진행되어 크고 작은 분쟁이 끊이질 않았다. 지금은 경매법원에서도 이 같은 문제점을 숙지하고 좀 더 신중하게 절차를 진행하고 있는 듯하다. 그래서 요즘은 '이 물건은 공부와 현황상의 기재가 불일치하므로 인도명령이 기각될 수 있고 명도소송을 통해서만 인도받을 수 있음'이라고 공지하거나 '이 사건 배당은 현황상의 표시대로 진행하되 소유권 취득은 공부상의 기재대로 함'이라는 특별매각조건을 달고 경매를 진행하기도 한다.

심지어는 '이 사건 물건의 소유권취득은 표시상의 기재대로 할 것이어서 분쟁의 소지가 있으니, 낙찰 후 공부상의 소유자와 집을 바꾸기로 하는 확인서가 제출되지 않으면 매각을 불허함'이라는 식으로 웃지 못할 공지를 붙이고 절차를 진행하기도 한다. 특별매각조건으로 물건의 위험성을 고지하여 신중한 응찰을 유도하는 것이니 내용 여하를 불문하고 진일보한 것이기는 하다. 그러나 근본적인 해결책은 될 수 없으므로 결국에는 낙찰자가 위험부담을 전부 떠안아야 한다는 사실을 분명히 인지해야 한다.

얼마 전에 이와 같은 문제가 있어 감정가의 50%까지 떨어진 빌라가 있었다. 예전 같으면 평균 90%대 가격으로 누군가 낙찰받아 갔겠지만, 이제는 문제의식이 높아져 다들 주저하는 모양새다. 당신 같으면 이 물건에 응찰하겠는가?

12억원에서 42억원으로!
토(土)생역전 이야기

과거 필자가 지인들과 함께 용인시 동천동에 소재한 토지를 낙찰받은 적이 있다. 법원에서 제공하는 매각물건명세서에 선순위 가처분이 있으니 조심하라는 경고가 붙은 물건이었다.

가처분에 기해 확정판결까지 받아놓은 상태여서 매우 위험했다. 선순위 가처분이 있는 물건의 위험성은 아무리 강조해도 지나치지 않다. 낙찰자가 잔금을 내고 소유권을 취득해도, 가처분권자가 이미 받아놓은 확정판결에 기해 소유권이전등기를 해가면 그대로 소유권을 빼앗기고 말기 때문이다.

이때 배당받아 간 채권자를 상대로 부당이득반환청구를 제기해 투자한 원금을 회수할 수도 있다. 그러나 이 사건의 경우 채권자 대부분이 자력 없는 개인이라 부당이득반환소송에서 승소해도 제대로 투자금을 찾을 수 있을지조차 불분명했다. 최악의 경우에는 낙찰대

소재지	(16824) 경기도 용인시 수지구 동천동 ■■ 외1필지				
용도	전	채권자	오■■	감정가	3,615,650,000원
토지면적	2377㎡ (719.04평)	채무자	이■■	최저가	(33%) 1,184,776,000원
건물면적		소유자	이■■	보증금	(10%) 118,478,000원
제시외		매각대상	토지일괄매각	청구금액	1,000,000,000원
입찰방법	기일입찰	배당종기일	2010-09-20	개시결정	2010-07-09

회차	매각기일	최저매각금액	결과
신건	2010-10-19	3,615,650,000원	변경
신건	2010-11-12	3,615,650,000원	유찰
	2010-12-10	2,892,520,000원	변경
	2011-01-18	2,892,520,000원	변경
2차	2011-05-27	2,892,520,000원	유찰
3차	2011-06-29	2,314,016,000원	유찰
4차	2011-08-09	1,851,213,000원	유찰
5차	2011-09-20	1,480,970,000원	유찰
6차	2011-10-18	1,184,776,000원	매각
김■■외6/입찰1명/낙찰1,241,870,000원(34%)			
	2011-10-25	매각결정기일	허가
	2011-11-30	대금지급기한 납부(2011.11.04)	납부
배당종결된 사건입니다.			

금 12억 4,000여만원을 허공에 날려버릴 수 있어 리스크가 높은 상황이었다.

그러나 혹시나 하는 마음에 현장조사를 해보니 물건의 가치가 높았다. 대단지 아파트를 지을 수 있는 땅이었고 수많은 시행사가 지분을 확보하기 위해 다투고 있었다. 주변 시세는 단위면적당 1,000만 원을 호가했다. 감정가는 단위면적당 550만원에 책정됐고, 무려 다섯 차례 유찰을 거쳐 현재 최저 응찰가는 단위면적당 200만원 내외였다. 선순위 가처분만 해결할 수 있으면 높은 차익이 기대되는 물건이었다.

가처분에 기해 확정판결까지 이미 나 있는 터라 포기할 수밖에 없는 상황이었음에도 포기하기가 못내 아쉬워 여러 각도로 해법을 궁리했다.

사건	2010타경29*** 부동산임의경매	매각물번호	1	담임법관 (사법보좌관)	원○○
작성일자	2011.10.04.	최선순위 설정일자	08.07.10.근저당권		
부동산 및 감정평가액 최저매각가격의 표시	부동산표시목록 참조	배당요구종기	2010.09.20		

부동산의 점유자와 점유의 권원, 점유할 수 있는 기간, 차임 또는 보증금에 관한 관계인의 진술 및 임차인이 있는 경우 배당요구 여부와 그 일자, 전입신고일자 또는 사업자등록신청일자와 확정일자의 유무와 그 일자

점유자의 성명	점유부분	정보 출처 구분	점유의 권원	임대차 기간 (점유기간)	보증금	차임	전입신고일자 ·사업자등록 신청일자	확정일자	배당요구여부 (배당요구일자)
조사된 임차내역 없음									

〈비고〉

※ 최선순위 설정일자보다 대항요건을 먼저 갖춘 주택.상가건물 임차인의 임차보증금은 매수인에게 인수되는 경우가 발행할 수 있고, 대항력과 우선 변제권이 있는 주택.상가건물 임차인이 배당요구를 하였으나 보증금 전액에 관하여 배당을 받지 아니한 경우에는 배당받지 못한 잔액이 매수인에게 인수되게 됨을 주의하시기 바랍니다.

※ 등기된 부동산에 관한 권리 또는 가처분으로 매각허가에 의하여 그 효력이 소멸되지 아니하는 것
목록1토지 갑구 순위 11번, 목록2토지 갑구 순위 9번 각 최선순위 가처분 등기(2006.4.17 등기)

※ 매각허가에 의하여 설정된 것으로 보는 지상권의 개요
해당사항없음

※ 비고란
일괄매각. 농지취득자격증명 요하고, 미제출시 매수보증금 미반환함. 목록1토지 갑구 순위 11번, 목록2토지 갑구 순위 9번 각 최선순위 가처분 등기(2006.4.17 등기)는 매각으로 소멸하지 않고, 매수인에게 인수됨. 위 가처분의 피보전권리가 실제로 존재하는 것으로 수원지방법원 2009가합81** 판결이 2009.12.8 확정되어 매수인이 소유권을 상실할 수 있음.

이 물건의 등기부등본을 유심히 들여다보다가 마침내 허점을 하

나 발견했다. 가처분의 근거가 되는 권리 즉, 피보전권리가 무효일 가능성이 높았던 것.

당시 이 사건 가처분의 피보전권리는 소유권이전등기청구권이었는데, 토지거래 허가를 받지 않은 매매계약은 무효이므로 여기서 파생된 소유권이전등기청구권도 무효였다. 따라서 피보전권리가 무효인 가처분은 말소할 수 있다는 결론을 낼 수 있었다.

하급심 판례부터 대법원 판례까지 샅샅이 검색한 끝에 이 물건과 비슷한 사건에서 선순위 가처분을 말소하라는 판결이 나온 것을 확인했다. 이 물건의 선순위 가처분을 충분히 말소할 수 있겠다는 판단을 내리고 지인들과 의기투합해 12억 4,000여만원에 단독으로 이 물건을 낙찰받았다.

잔금을 내고 곧바로 가처분취소소송을 제기했다. 상대방은 이름만 대면 알 만한 대형 로펌을 대리인으로 선임해 응소했지만, 사전에 철저히 준비한 덕에 1심에서 한 달 반 만에 승소할 수 있었다. 정식 소송이 아니라 약식절차인 가처분취소소송이어서 가능한 신속한 승리였다.

상대방은 즉시 항고해 2심에 들어갔다. '경매꾼'이라는 인식공격성 발언까지 서슴지 않았으나, 철저히 준비한 논지를 기반으로 상대의 논리를 무력화하고 항고심에서도 역시 2개월여 만에 완승할 수 있었다. 상대방은 곧바로 집행정지 공탁금을 걸고 대법원에 재항고했고 이로써 3년에 가까운 기나긴 싸움이 시작됐다.

수백장에 달하는 준비서면이 오갔고 수십장의 탄원서가 접수됐다. 사안이 사안인지라 1년이 가고 2년이 가도 대법원 판결은 쉽사리 나지 않았다. 그러던 중 3년 만에 드디어 대법원 판결이 선고됐다. 상대의 재항고를 기각한다는 것이었다. 그동안 시세가 많이 올라 이 물건에는 50억~60억원의 가치가 있었지만, 소송하면서 다퉜던 시행사의 간절한 요구를 받아들여 42억원에 매각했다. 감정상의 앙금도 이로써 말끔히 지워진 셈이었다. 3년여의 지난한 과정 끝에 이 물건의 투자는 서로에게 이득이 되는 방향으로 마무리됐다.

특수물건의 성공은 이렇듯 노력과 인고의 산물이다. 결코 행운의 영역이 아님을 명심해야 한다.

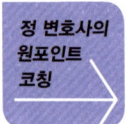

선순위 가처분이 있는 물건은 경매인들에게 기피대상 1호다. 아무리 싸게 낙찰받아도 가처분자가 소유권이전등기소송이든, 이전등기말소소송이든 가처분에 기한 소송에서 승소하면 가처분권자의 권리가 우선하여 잔금을 납부하고도 소유권을 빼앗길 수 있기 때문이다.

이처럼 선순위 가처분물건은 'High risk, High return'의 대표적인 사례다. 비슷한 구조를 가진 선순위 가등기 물건도 위험하긴 마찬가지다.

선순위 가처분이 공지만 되어 있고 아직 소송이 제기되지 않은 상태라면, 가처분권자가 소송에서 패소할 경우 낙찰자는 소유권 상실의 리스크에서 벗어날 수 있다. 이 경우 그나마 입찰의 여지가 있다. 그러나 이 사건처럼 가처분에 기한 확정판결이 있다면 리스크가 이미 현실화된 것이니 보통은 절대로 입찰하면 안 된다. 우리는 확정판결이 있다고 해도 가처분이 처음 설정 당시부터 무효였다면 충분히 다퉈볼 수 있다는 판단하에 소송까지 불사하겠다는 각오로 입찰하여 승소했지만 말이다.

이 물건은 굉장히 위험해보이지만, 앞에서 배웠던 것처럼 패소 시 담보책임을 청구할 수 있는 방법을 숙지하고 철저히 리스크를 통제한 상태에서 입찰했기 때문에 문제가 없었다.

누누이 말하지만 특수물건 투자는 내재된 리스크 통제방법만 숙지한다면 더 이상 위험한 영역이 아니다.

부동산 정책 변동기, 정부정책에 맞서지 마라!

　부동산 경기가 이상 과열양상을 보이자 정부가 사상 유례 없는 특단의 조치를 내렸다. 지난해에 발표된 8.2대책은 투자자들의 종잣돈의 근간이었던 대출규제를 강화하고, 다주택자 수익의 원천인 양도세를 대폭 중과하는 내용을 담은 초고강도 대책이다. 미처 예측하지 못한 고강도 규제로 인해 투기수요는 물론이고 투자수요까지 관망세로 돌아서, 당분간 거래절벽 및 가격하락을 피할 수 없을 듯하다.

　이 와중에도 투기수요들은 정책의 허점을 파고들거나 정책의 효과가 미치지 않는 투자처를 찾아 발 빠르게 움직이고 있다. 이는 전 정부의 경기부양책으로 시중에 풀린 과잉 유동성을 단기간에 제어하기 어렵다는 방증일 것이다.

　돈의 흐름을 따라 작은 리스크쯤은 각오하고 움직이는 투기수요는 그렇다고 치더라도 갈아타기 수요자, 내집마련 수요자, 노후대책 수요자, 적법한 임대사업자, 매매사업자 등을 통칭하는 투자자들은 현시점에서 어떤 방향으로 움직이는 것이 바람직할까?

　정부의 정책에 저항하여 그 틈새를 노리는 전략은 현시점에서는 너무 피로도가 높다. 현장 분위기가 공급부족에서 파생된 대세상승기인 만큼, 조만간 조정장세를 거친 후 다시 상승세가 이어질 것이니 투자를 계속하라는 논리는 여유자금이 넉넉한 투기수요자들에게나 해당되는 얘기다. 장기간 견딜 수 있는 여력이 부족한 일반 투자자 입장에서는 정책의 흐름을 거스르지 말고 그에 순응하며 투자처를 물색하는 것이 바람직하다.

정부의 방침은 서울 전역을 투기과열지구로 묶어두고 도심 외곽지역의 광역교통망을 획기적으로 개선하겠다는 것이다. 이는 곧 서울로 몰리는 투자수요를 수도권 외곽으로 분산시켜 장기적으로 도심의 부동산 가격 안정 및 균형발전을 꾀하려는 의도임을 알아야 한다.

이러한 정책 기조는 현 정부의 임기 내내 유지될 가능성이 높다. 그런 만큼 투기지구, 투기과열지구 등 규제가 중첩된 지역보다는 정부가 균형발전의 거점으로 삼고 있는 수도권 외곽지역으로 관심을 돌리는 것도 좋은 투자전략이다.

판교나 광교, 동탄 등 강남권에 준하는 상승세를 보이는 지역은 언제든 규제의 사슬에 묶일 수 있으니 피하자. 김포나 영종도, 파주, 양주, 남양주 등 저평가된 유망지역을 선별하여 임대사업자를 내고 장기투자 목적으로 접근한다면, 정부정책에 저항하는 피로도는 낮추고 오히려 정부의 지원사격에 힘입어 장기적으로 괜찮은 수익을 낼 수 있을 것으로 보인다.

얼마 전 일산신도시의 중심단지인 강촌마을 내에 위치한 전용면적 $112m^2$(34평)의 아파트가 경매로 나왔다. 대부분 중대형 크기로 구성된 강촌마을에 드물게 섞여있는 중소형 아파트인 데다, 중대형 수요자들을 겨냥한 다양한 상업시설들과 안정적인 커뮤니티를 덤으로 향유할 수 있는 희소가치 있는 아파트라 상당히 인기를 끌 것으로 판단됐다. 그러나 입찰자는 불과 4명이었고 낙찰가도 시세에 많이 못 미쳤다.

이것을 보면서 중첩적인 규제에 묶여 거래절벽까지 걱정해야 하는 서울권 아파트에 투자하기보다는 저평가된 지역의 유망 단지를 찾아내 여유 있게 낙찰받는 것이 효율적인 투자가 아닐까 하는 생각이 들었다.

광역교통망 확충에 따른 호재와 각종 개발계획이 산재한 수도권 외곽지역의 유망한 단지 중 유력한 크기의 아파트를 매집하여, 단기임대든 준공공임대든 임대사업자를 내고 장기투자한다면 정부정책에 부응하면서도 알찬 수익을 낼 수 있을 것이다.

선순위 가등기 있는 주택, 반값에 낙찰받다

2년 전 K씨는 서울 마포구 대흥동에 소재한 다세대주택을 낙찰받았다. 감정가는 2억 5,000만원인데 세 차례 유찰을 거쳐 최저가가 1억 2,800만원까지 떨어진 물건이었다.

이 물건이 감정가의 반값까지 떨어진 이유는 선순위 가등기 때문이었다. 선순위 가등기가 있는 물건은 특수물건 중에서도 난이도가 높은 축에 속한다. 낙찰자가 잔금을 낸 후 소유권을 취득해도 뒤늦게 가등기권자가 본등기를 해버리면 소유권을 빼앗길 수 있기 때문이다.

선순위 가등기가 있어도 가등기권자가 배당요구를 하거나 채권계산서를 제출하면, 담보가등기는 낙찰과 동시에 말소되므로 문제가 없다는 것쯤은 경매인이라면 누구나 아는 상식일 것이다.

이 물건은 가등기권자가 배당요구를 하지 않아 낙찰자가 그 금액을 인수해야 하는 소유권보전가등기로 강력히 추정되는 물건이었다.

특히 가등기권자가 건설업계에서 나름대로 이름 있는 L건설이다 보니 다들 진정한 가등기로 추정했을 것이다.

그러나 K씨의 의뢰로 가등기가 설정된 내막을 조사해본 결과, 이 가등기는 소송을 통해 어렵지 않게 말소가 가능한 의미 없는 가등기라는 판단이 들었다. 은행 등 이해 관계자들이 말소가 가능한 담보가등기라고 증언해주었기 때문이다. K씨는 최저가보다 조금 더 높게 입찰가를 써내 낙찰을 받았다. 그날 2등으로 패찰의 고배를 마신 차순위권자는 예상대로 이 가등기가 의미 없다는 사실을 누구보다 잘 알고 있던 임차인이었다.

낙찰 직후 곧바로 L건설을 찾아가 가등기가 말소돼야만 하는 이유를 논리적으로 충분히 설명했다. 하지만 L건설은 "우리도 억울하니 소송해서 판결을 받아보자"는 식으로 나왔다. 본의 아니게 가등기 말소소송을 진행해야 했다.

소송은 1심에 약 7~8개월 걸리는 업계의 평균을 한참 밑돌며 석 달 보름 만에 끝났다. 상대방이 적극적으로 응소하는데도 소장 접수에서 판결까지 석 달 보름 정도밖에 안 걸린 판결은 필자도 난생처음 받았다. 그만큼 승소의 근거가 확실한 덕분이었다. 판결 선고 후 억울함을 호소하던 상대는 결국 항소를 포기했고 판결이 확정돼 가등기는 곧바로 말소됐다.

낙찰받고 잔금을 낸 지 석 달여 만에 선순위 가등기가 있는 무시무시한 물건이 일반물건으로 탈바꿈하는 순간이었다. 보증금을 전액 배당받는 임차인을 잘 설득해서 원만히 명도하고 곧바로 리노베이션해 전세 매물로 내놨다. 얼마 되지 않아 2억원에 전세계약을 체결할 수 있었다.

1억 4,000여만원에 낙찰받아 2억원에 전세를 내놓았으니 이 물건의 수익률은 얼마나 될까? 부지런히 공부해 특수물건에 한번 도전해보자.

정 변호사의 원포인트 코칭

이 물건은 선순위 가등기 물건 중에서도 손쉽게 접근할 수 있는 물건이었다. 가등기가 담보가등기라면 비

사건	2012타경25*** 부동산강제경매 2013타경18***, 2013타경18*** (중복)	매각물번호	1	담임법관 (사법보좌관)	송○○
작성일자	2014.02.17.	최선순위 설정일자	2012.12.31.강제경매		
부동산 및 감정평가액 최저매각가격의 표시	부동산표시목록 참조	배당요구종기	2013.03.14		

부동산의 점유자와 점유의 권원, 점유할 수 있는 기간, 차임 또는 보증금에 관한 관계인의 진술 및 임차인이 있는 경우 배당요구 여부와 그 일자, 전입신고일자 또는 사업자등록신청일자와 확정일자의 유무와 그 일자

점유자의 성명	점유부분	정보 출처 구분	점유의 권원	임대차 기간 (점유기간)	보증금	차임	전입신고일자 ·사업자등록 신청일자	확정일자	배당요구여부 (배당요구일자)
이○○	미상	현황조사	주거 임차인	미상	미상	미상	2011.11.08.	미상	
	401호	권리신고	주거 임차인	2011.10.29	110,000,000	미상	2011.11.08.	2011.11.08.	2013.03.07

〈비고〉

※ 최선순위 설정일자보다 대항요건을 먼저 갖춘 주택,상가건물 임차인의 임차보증금은 매수인에게 인수되는 경우가 발생할 수 있고, 대항력과 우선 변제권이 있는 주택,상가건물 임차인이 배당요구를 하였으나 보증금 전액에 관하여 배당을 받지 아니한 경우에는 배당받지 못한 잔액이 매수인에게 인수되게 됨을 주의하시기 바랍니다.

록 선순위 가등기라고 해도 말소할 수 있는데, 이해관계인 탐문을 통해 어렵지 않게 이 사건의 가등기가 담보가등기라는 사실을 밝혀낼 수 있었기 때문이다.

그런데도 응찰자는 내막을 알고 있는 임차인과 우리 쪽 단 둘뿐이었다. 이는 경매시장이 대중화되고 경매지식이 보편화되었다고 해도 아직까지 실력있는 고수는 많지 않음을 뜻한다. 그러니 누차 강조하지만 지금 막 경매공부를 시작한 초보도 너무 늦은 게 아닌가 하는 두려움을 가질 필요가 전혀 없다.

또 한 가지, 이 물건에는 선순위 가등기 외에도 '위법건축물'이라는 법적인 문제가 있었다(실제 건축물대장에는 파란색 테두리 부분이 노랗게 표시되어 있다). 전 소유자가 약 $3.3m^2$(1평)에 달하는 공간을 무단으로 증

축했던 것이다. 위법건축물로 등재되면 관할청이 원상복구 명령을 내린다. 정해진 기간에 복구하지 않으면 복구할 때까지 여러 차례에 걸쳐 이행강제금이라는 페널티를 부과한다.

이 문제는 어떻게 해결했을까? 위법건축물을 낙찰받더라도 그 하자를 없앨 기회가 있다. 국가 차원에서 위법건축물을 양성화하기 위해 몇년에 한 번씩 한시적으로 양성화 법률을 시행하기 때문이다.

마침 양성화 법률이 시행되는 기간이어서 해당청에 간단히 신고하는 것으로 양성화를 마칠 수 있었다. 불법 증축공간이 합법적인 공간으로 인정받아 건물의 가치가 한층 높아진 것은 덤이었다.

토지지분으로
1년 만에 4억 5,000만원이 손안에!

2년 전쯤 지목이 대지인 상업지역 내 토지지분이 공매로 나왔다. 전체 면적이 2,500㎡인 장방형 토지였는데 그중 약 150㎡의 소수지분이 공매 대상이었다. 감정가는 4억 5,000만원이었지만 여러 번 유찰돼 최저 응찰가격은 감정가의 60%대인 2억 7,000만원까지 떨어져 있었다. 유독 토지지분 경매매물만을 즐겨 찾던 H씨가 약 3억원에 이 물건을 단독으로 낙찰받았다.

당시 이름만 대면 알 만한 대기업에서 이 토지 일대에 조만간 사옥용도로 건축물을 신축할 계획을 잡아놓고 있었다. 실제 현장에 가보니 공사를 위한 준비가 착착 진행되고 있었다. H씨는 비록 작은 면적이었지만 이 토지를 낙찰받아 공유물분할소송을 통해 현물로 분할한 뒤 상가건물을 짓는다면 대단위 사옥을 배후로 괜찮은 수익을 거둘 수 있을 것으로 판단했다. 이것이 재산권 행사에 제약이 있는 지분공매라는 약점에도 불구하고 과감하게 응찰한 이유였다.

앞서 이야기한 것처럼 경매는 입찰 현장에서 곧바로 공유자 우선매수청구 절차가 진행되지만 공매는 매각결정기일까지 3일간 우선매수청구의 기회가 주어진다. 어찌된 일인지 타 지분권자인 대기업 측은 우선매수청구를 하지 않았고 H씨는 무사히 잔금을 납부해 소유권을 취득할 수 있었다.

그런데 공유자 우선매수청구가 없어 이 물건에 관심이 없는 줄 알았던 타 지분권자는 H씨가 잔금을 내자마자 지분을 시세대로 매수하겠다며 애가 닳도록 협의를 요청해왔다. 어차피 현물분할을 통해 상가를 신축할 목적이었던 H씨는 상대의 요청을 정중히 거절했다. 이에 상대방은 이런 저런 방법으로 압박하다 결국 공유물분할소송을 제기해왔다.

> 현물분할은 공유자 중 일부가 금전지급이 곤란한 경우에 공유물을 분할하는 방법이다.

필자가 이 소송을 대리해서 진행했다. 상대는 우리 쪽이 소수지분권자이고 여러 정황상 알박기 목적으로 낙찰받았으므로 현물분할은 절대 안 되며, 감정가격대로 원고 쪽에서 매수하게 해달라고 재판부에 강력히 어필했다. 그러나 우리 쪽에서는 토지의 형상이나 면적 등을 고려할 때 이 사건의 토지는 충분히 현물분할이 가능하고, 대법원 판례상 공유물의 분할은 현물분할이 원칙임을 들어 측량감정 등을 통해 적절한 비율로 현물분할해야 한다는 논지를 분명히 주장했다.

처음에는 감정가 정도에 매수할 수 있으리라 판단하고 강하게 압박하던 상대측은 형세가 불리하게 돌아가자 입장을 바꿨다. 현물분할을 하면 땅의 모양새가 나빠져 전체적으로 토지 가치가 떨어지고 건물 신축 시 대지를 효율적으로 활용할 수 없다며 적정가에 땅을 매도해달라고 재판 외적으로 필자에게 수차례 요청해왔다.

H씨와 협의 결과 가격만 적정하다면 매도하자는 쪽으로 의견을 모으고, 상대의 이익을 외면하지 않으면서도 우리 쪽 이익을 극대화하는 방향으로 협의를 진행했다. 그 결과 7억원에 매매계약을 체결하되 상대측에서 대지의 배타적 사용분에 대한 부당이득 명목으로 5,000만원을 추가로 지급하는 내용으로 최종 협의했다. 이어서 단기양도에 따라 중과세되는 세금을 절세할 방법을 강구하여, 매매대금 중 일정액을 잔금으로 남겨뒀다가 1년이 지난 후 이를 지급할 때 소유권을 이전하기로 약정했다.

이로써 지분투자의 성격상 장기투자가 되리라는 당초 예측과 달리 H씨는 단기간에 상당히 높은 수익을 얻었고, 상대방도 예정한 건물 신축공사를 신속히 진행해 상당액의 매몰비용을 절감했다.

> **정 변호사의 원포인트 코칭**

경매인 중에는 토지지분만을 전문적으로 공략하는 사람들이 있다. 토지경매는 주거용 건물에 비해 환금성이 좋지 않아 단기투자를 선호하는 경매인들은 꺼리는 분야다. 하지만 실제 내막을 들여다보면 토지지분경매만큼 환금성 좋은 영역도 없다.

토지지분을 낙찰받으면 다른 공유자와 원만히 협상하여 자기가 받은 낙찰지분을 매도하거나, 상대방 지분을 매입하여 온전한 지분을 만들어 수익을 내는 것이 기본 구조다. 재산권 행사에 제한이 있는 토지지분을 싼값에 낙찰받아 전체 지분을 소유하는 방법으로 하자를 치유하는 것이다.

상대방과 협의가 이루어지지 않으면 상대방 지분에 처분을 금하는 가처분을 걸어두고 공유물분할소송을 진행한다. 공유물분할은 판례상 현물분할이 원칙이어서 이 사건에서처럼 현물분할하게 되면 구조적으로 손해 보는 사람이 협상에서 불리한 위치에 놓이게 된다. H씨는 이러한 구조를 십분 활용하여 단기간에 큰 수익을 낸 것이다.

H씨는 상대 지분권자와 원만한 협의가 이루어지지 않으면 자신의 지분만큼 현물로 분할하여 작은 상가건물을 실제로 신축할 계획이었다. 그랬기에 낙찰받은 토지의 현재 시세와 무관하게 상대방의 기회비용, 매몰비용을 상한으로 하여 보상을 요구할 수 있었고, 협상의 칼자루를 쥔 상태에서 적절히 양보하여 단기간 내 놀랄 만한 수익을 일궈낼 수 있었다.

지금도 H씨는 남들이 선호하지 않는 토지지분투자를 계속하며 꾸준히 대기업 간부 연봉 이상의 수익을 올리고 있다.

부동산 경기의 장기침체기에는 경매로 아무리 싸게 매물을 잡아도 마땅한 매수자를 물색하기 어렵다. 그런데 토지지분 매물은 이미 매수자가 정해져 있으므로 수익모델의 구조를 제대로만 숙지하면 불황기 투자로 제격이다.

유치권자와 임차인이 한 집에 산다고?

서울 은평구에 있는 아담한 빌라가 경매에 나왔다. 전용면적 35㎡(10평)여서 신혼부부나 1인 가구가 선호할 만한 물건이었다. 인근에 초등학교가 있고 뒤편으로 공원도 있어 거주환경도 무난했다. 최초 감정가 1억 6,000만원에 세 차례 유찰을 거쳐 최저가가 8,100만원대(감정가 대비 51%)까지 떨어진 상태였다. 유찰 이유는 외관상 우량해 보였지만 법적으로는 복잡한 특수물건이기 때문이었다.

우선 거액의 유치권이 신고되어 있었다. 공사업자가 마감공사 대금을 받지 못했다며 2억 5,000만원의 유치권을 신고했는데, 유치권에 기해 점유방해금지가처분 결정문까지 제출돼 있어 어느 정도 신빙성은 있어 보였다. 유치권이 진정하다면 낙찰자가 공사대금을 전부 물어줘야 하는 것이 법리다.

문제는 또 있었다. 이 주택에는 전입신고가 최초 가압류 설정일

소재지	(03347) 서울특별시 은평구 불광동 ▓▓▓ 제401호				
	[도로명] 서울특별시 은평구 ▓▓▓ 제401호 [불광동 ▓▓ 동호쉐르빌]				
용도	다세대(빌라)	채권자	연신내새마을금고	감정가	160,000,000원
대지권	20.79㎡ (6.29평)	채무자	이▓	최저가	(51%) 81,920,000원
전용면적	34.73㎡ (10.51평)	소유자	김▓ 外	보증금	(10%) 8,192,000원
사건접수	2014-01-22	매각대상	토지/건물일괄매각	청구금액	657,103,150원
입찰방법	기일입찰	배당종기일	2015-03-20	개시결정	2014-01-23

회차	매각기일	최저매각금액	결과
신건	2016-04-26	160,000,000원	유찰
2차	2016-05-31	128,000,000원	유찰
3차	2016-07-05	102,400,000원	유찰
	2016-08-09	81,920,000원	변경
	2016-10-18	81,920,000원	변경
차	2016-12-27	81,920,000원	매각

이▓/입찰5명/낙찰87,897,000원(55%)

2017-01-03	매각결정기일	허가
2017-02-10	기한후납부	
2017-06-07	배당기일	완료

배당종결된 사건입니다.

변경공고 ▶ 변경일자 : 2016-08-05
변경내용 2016.10.17. 변경 후 추후지정
정정공고 ▶ 정정일자 : 2016-04-22
정정내용 유치권신고자 김▓ 2016.04.11. 점유방해금지가처분(서울서부지법 2016카합95) 결정문 제출

물건현황/토지이용계획	면적(단위:㎡)	임차인/대항력여부	등기사항/소멸여부	
연신중교 남동측 인근에 위치	[대지권]	배당종기일: 2015-03-20	소유권(지분)	이전
주위는 단독주택, 저층 공동주택, 소규모 근린생활시설 및 학교 등이 소재	불광동 ▓▓ 188㎡ 분의 20.79㎡ 대지권 20.79㎡ (6.29평)	점▓ 있음 전입: 2013-12-11	김▓ 外 1명 보존	집합
인근에 노선버스정류장이 소재 북측 및 동측으로 포장도로에 접함	토지/건물일괄감정	확정: 2014-06-11 배당: 2015-03-02	가압류 2014-03-11	소멸기준
제2종일반주거지역	[건물]	보증: 100,000,000원 인수금: 100,000,000원	점▓ 50,000,000원	집합
난방설비, 위생설비, 급배수설비 등(작동여 부는 확실치 않음)	불광동 ▓▓ 4층401호 다세대 34.73㎡ 전용	점유: 401호 전부 전액매수인 인수예상	가압류 2014-03-17	소멸 집합

보다 빨라 대항력 있는 임차인이 존재했는데 보증금 액수가 무려 1
억원이었다. 진정한 임차인이라면 낙찰자가 보증금을 전액 인수해야
하는 상황이었다.

　L씨가 이 물건에 입찰하려 한다며 필자에게 도움을 의뢰했다. 이
해관계인의 도움을 받아 경매기록을 복사해 꼼꼼히 검토해보니 허점
이 많았다. 우선 유치권과 임차권은 둘 다 주택 점유라는 요건을 필
요로 하므로 양립할 수 없다. 법 논리상 하나의 권리가 성립되면 다

른 권리는 성립할 수 없기 때문이다.

임차인이 유치권자와 임대차 계약을 체결해 유치권자의 직접점유자로서 점유한다고 가정하면 양 권리가 양립할 수 있기는 하다. 그러나 경매기록에 첨부된 임대차계약서상 임대인은 유치권자가 아니라 소유자였다. 결국 둘 중 하나는 성립할 수 없는 권리였다.

사건			2014타경15** 부동산임의경매 2015타경1**(병합)	매각물번호		2	담임법관 (사법보좌관)	안○○
작성일자			2016.12.12.	최선순위 설정일자		건물 : 2014.03.11. 가압류 대지 : 2013.02.28. 근저당권		
부동산 및 감정평가액 최저매각가격의 표시			부동산표시목록 참조	배당요구종기		2015.03.20		
부동산의 점유자와 점유의 권원, 점유할 수 있는 기간, 차임 또는 보증금에 관한 관계인의 진술 및 임차인이 있는 경우 배당요구 여부와 그 일자, 전입신고일자 또는 사업자등록신청일자와 확정일자의 유무와 그 일자								
점유자의 성명	점유부분	정보 출처 구분	점유의 권원	임대차 기간 (점유기간)	보증금	차임	전입신고일자 ·사업자등록 신청일자	확정일자	배당요구여부 (배당요구일자)
정○○	미상(주민 등록표상 401호)	현황조사	주거 임차인	미상	미상		2013.12.11.	미상	
	401호 전부	권리신고	주거 임차인	2013.11.30.-	100,000,000		2013.12.11.	2014.06.11.	2015.03.02
〈비고〉								
※ 최선순위 설정일자보다 대항요건을 먼저 갖춘 주택·상가건물 임차인의 임차보증금은 매수인에게 인수되는 경우가 발생할 수 있고, 대항력과 우선 변제권이 있는 주택·상가건물 임차인이 배당요구를 하였으나 보증금 전액에 관하여 배당을 받지 아니한 경우에는 배당받지 못한 잔액이 매수인에게 인수되게 됨을 주의하시기 바랍니다.								

경매기록을 검토하다가 증거자료로 제출된 판결문을 하나 찾아냈다. 판결문에 정리된 사실관계를 보니 이 사건의 임차인은 공사업자는 아니었다.

건축주에게 공사대금 명목으로 5,000만원을 대여해줬는데 준공 후에도 갚지 않자 대여금 반환소송을 냈고, 그 대여금에 기해 가압류까지 해둔 일반 채권자였다. 즉, 그곳에 살지 않는 위장임차인이었던 것.

경매신청 채권자인 은행에 방문해 이런저런 정보를 모았다. 마지막으로 다른 공사업자 및 인근 주민들을 상대로 탐문조사를 진행해 상당한 양의 증거자료를 수집했다. 그 결과 4명의 경쟁자를 물리치고 이 물건을 약 8,700만원에 낙찰받았다.

낙찰 뒤 가장 먼저 해결해야 할 것은 대출문제였다. 특수물건이어서 대출이 불가능할 것을 대비해 낙찰대금 전액을 준비해놓긴 했지만, 의뢰인의 자금사정이 넉넉지 않아 가능하면 대출을 받는 것이 유리하다고 봤다.

외관상 거액의 유치권에 대항력 있는 임차인마저 존재해 대출이 쉽지 않은 상황이었다. 그러나 이런저런 이유로 '법적으로 문제가 없고 조속히 해결 가능한 물건'이라는 법무법인 의견서를 제출하여 상당한 액수를 대출받을 수 있었다.

잔금을 납부하자마자 곧바로 임차인을 찾아갔다. 위장임차인이라는 증거자료를 보이며 형사고소 압박과 함께 자발적인 명도를 권유했더니 뜻밖에도 순순히 응했다. 가압류에 기해 배당받게 되면 곧바로 명도해주겠다고 확약을 받았다. L씨는 명도소송까지 각오했던 터라 무척이나 기뻐했다.

법적으로 복잡하게 얽혀 해결이 불가능하게 보여도 엉킨 실타래 풀듯 파헤쳐보면 해결의 실마리를 잡을 수 있는 것이 특수물건의 묘미다.

소액으로 투자한 이 물건의 현재 시세는 1억 6,000만원이고, 전세는 1억 5,000만원 선에서 형성돼 있다. L씨는 조만간 조금 손본 뒤 전세를 놓고 2년간 기다렸다가 양도세 면제혜택을 받고 매각할 계획이다.

> **정 변호사의 원포인트 코칭**

이 물건은 언뜻 보면 거액의 유치권이 신고되어 있고, 낙찰자가 보증금을 인수해야 하는 대항력 있는 임차인이 있어 접근하기 쉽지 않은 물건처럼 보인다. 게다가 감정가는 1억 6,000만원인데 신고된 유치권 금액이 2억 5,000만원이고, 임차인의 보증금 또한 1억원이니 상식적으로는 도저히 낙찰하면 안 되는 물건이다.

그러나 L씨는 이 물건의 논리적 모순에 착안해 남들이 꺼리는 물건임에도 관심을 가졌다. 즉, 해당물건에 대항력 있는 임차인이 있다면 점유를 생명으로 하는 유치권이 성립될 수 없으니 최소한 둘 중 하나는 가짜라는 의문이 들었던 것이다. 그런데 대항력 있는 임차인마저 위장임차인이었으니 이 특수물건은 사실 멀쩡한 물건이었던 셈이다.

아직 경매에 입문한 지 얼마 안 되는 초보인지라 본인이 직접 조사하고 증거를 수집하기가 어려웠던 L씨는 필자에게 진행을 맡겼다. 비록 경매 초보였지만, 머릿속을 스치고 간 의문점을 놓치지 않고 파고든 L씨의 재기와 필자 로펌의 숙련된 노하우가 결합하여 만들어낸

쾌거였다.

여기서 우리가 또 하나 의미를 두어야 할 사항이 있다. 이 물건 또한 조사만 해보면 금방 허위 유치권임을 밝혀낼 수 있는 물건인 데다(대항력 있는 임차인이 있기 때문), 유찰을 거듭하여 최저가가 50%까지 떨어졌음에도 L씨 외에는 아무도 응찰하지 않았다는 점이다.

이 수익모델 하나만 알아도 당신도 경매 고수로 불릴지 누가 알겠는가.

5,000만원으로
빌라 3채를 낙찰받다

　길거리를 지나다보면 'OO 아파트 분양, 실투자금 2,000만원'이라고 현혹하는 벽보나 현수막이 많이 눈에 띈다. 아파트는 지어놨는데 분양이 안 돼 시행사측에서 중도금대출과 잔금대출을 무이자로 알선해주니, 실제 아파트 한 채를 취득하는 데 들어가는 투자금이 2,000만원에 불과하다는 얘기일 게다.

　대출이 80~90%나 되면 분양받는 입장에서는 온전히 내 집이라는 생각이 좀처럼 들지 않는다. 게다가 실수요 목적이라면 모를까, 임대수익을 노리고 매입했다면 소위 깡통주택이라는 오명 때문에 전세든 월세든 임차인을 유치하기가 쉽지 않다.

　그런데 단돈 5,000만원으로 약 59㎡(18평)의 신축빌라 3채를 매입한 사람이 있다. 물론 여기서 5,000만원은 대출 없이 순수한 투자금을 말한다. 취득세 등의 비용을 제하면 1채당 평균 1,500만원 정도에 매입한 꼴인데, 도대체 어디서 어떻게 매입했기에 이런 일이 가능할까?

일반매매시장에서는 어림도 없는 얘기이니 시야를 다른 쪽으로 넓혀보자. 그렇다. A씨는 경매로 이 빌라를 매입했다. 당시 빌라 한 채당 감정가는 5,500만원이었으나 수차례 유찰을 거쳐 최저가가 1,100만원대까지 떨어진 상태였다. A씨는 이 물건에 과감하게 응찰해 낙찰받았다.

원목으로 마감해 내부 또한 근사한 이 빌라가 감정가 대비 20%대까지 떨어진 데는 이유가 있었다.

이 물건은 특수물건 중에서도 난이도가 꽤 높은 물건이었다. 우선 공사업자의 유치권이 신고되어 있었다. 낙찰자가 잔금을 내고 이 집의 점유를 넘겨받기 위해서 떠안아야 할 공사대금은 이자까지 포함해 약 3,000여만원. 게다가 대지지분 없이 건물만 낙찰받아야 했다.

더군다나 법원에서 제공하는 매각물건명세서에 '건물만 입찰, 토지소유자로부터 건물철거판결 확정되어 있음'이라는 무시무시한 문구가 기재되어 있었다. 그러니 당연히 수요자들에게 외면받을 수밖에 없었다.

그러나 A씨는 용감하게 응찰하여 두 명의 경쟁자를 물리치고 이 물건들을 낙찰받았다. 물론 사전에 철저한 현장조사를 거쳤고, 이를 통해 확인한 사실관계대로라면 유치권자를 인도명령으로 충분히 내보낼 수 있다는 필자의 조언을 들은 후였다.

낙찰 후 잔금을 내면서 곧바로 유치권자를 상대로 인도명령을 신청했고 약 한 달 후에 인도명령이 인용되었다. 실제 공사업자가 점유

하고 있었지만, 본 물건에 대한 공사대금이 아닌 타 물건 공사대금으로 유치권을 신고한 터라 견련관계가 없음을 부각한 것이 주효했다. 특정일시에 강제집행하겠다는 예고절차인 계고 집행이 있은 얼마 후 유치권자는 자발적으로 집을 비웠다. 이렇게 유치권자와의 싸움은 생각보다 싱겁게 끝났다.

그러나 처음부터 이 물건의 부담은 유치권이 아니었다. 철거판결을 보유하고 있는 토지소유자와의 기싸움이 더 큰 문제였다. A씨는 토지 소유자와 협상을 유리하게 이끌어 토지를 싸게 매입할 것이냐, 아니면 역으로 토지소유자에게 건물을 헐값에 뺏길 것이냐 하는 기로에 서게 되었다. 곧바로 토지소유자와 협상에 돌입했다.

토지소유자도 경매로 토지를 낙찰받은 경매인이었다. 원만한 협의를 위한 A씨의 노력이 무색하게 토지소유자는 건물을 헐값에 사들이기 위해 전방위적으로 압박해왔다. 건물철거판결이 있으니 조만간 철거하겠다는 내용증명을 여러 차례 보내왔고, 철거집행의 사전절차로 현재 점유 중인 사람을 내보내는 퇴거집행을 강행하겠다는 의지를 강하게 내비쳤다(당시는 낙찰받은 뒤 월세를 놓아 세입자가 살고 있는 상태였다). 그러면서 어느 순간부터 낙찰가의 반값에 건물을 넘기라고 회유해왔다. 경매학원 어딘가에서 배웠음직한 뻔한 수순이었다.

그러나 A씨는 필자의 조언대로 무응답으로 일관했다. 아니, 무응답이 아니라 협상에서 우위에 있다는 자신이 있었기에 침묵으로 완강한 거부의사를 표시했다. 이 물건은 비록 철거판결이 확정되어있다 하더라도 사실적, 물리적으로 철거가 불가능한 빌라였고 이 점은 건물소유자가 협상의 칼자루를 쥘 수 있는 중요한 카드였다. 다만, 토지소유자는 이 카드의 액면만 보고 그 가치를 낮게 평가했고 이를 무시한 상태에서 쓸데없이 시간낭비를 하고 있었다.

계속되는 전방위적인 압박에 A씨는 일부러 가끔 겁먹는 듯한 모습을 보여주었다. 먼저 협상의사를 내비친 것이다. 물론 협상조건은 상대가 용인할 수 없는 수준이었다. 그래야 토지소유자는 신이 나서 더욱더 쓸데없는 일에 매진할 것이고, 결국 진이 빠져 정작 중요한 때는 힘을 못 쓸 것이라 게 우리 쪽의 살뜰한 계산이었다.

건물소유자가 전혀 신경도 안 쓰는데 건물을 철거하겠다는 내용증명이고, 가처분이고, 퇴거집행이 다 무슨 소용이 있을까? 결국 1년 정도 시간이 흐른 뒤 제풀에 지친 토지소유자는 백기를 들고 투항했다.

A씨는 이 물건을 한 채당 4,500만원에 토지소유자에게 매각했다. 원래는 토지를 싸게 매입해서 6,000만원에 3채를 모두 전세 놓을 생각이었지만, 토지소유자의 간곡한 요청에 못 이겨 선심 쓰는 척 넘겨주면서 작은 조건을 하나 달았다. A씨에게 부과될 양도소득세를 토지소유자가 납부하라는 것이었다.

이 물건의 수익을 분석해보자. 낙찰가가 한 채당 평균 1,500만원이니 1년 만에 한 채당 3,000만원의 수익을 냈고, 모두 3채를 매각했으니 원금을 전부 회수하고도 추가로 9,000만원의 현금흐름이 발생했다. 투자금은 단돈 5,000만원이었다. 놀랍지 않은가?

그러나 이것이 수익의 전부가 아니다. 이 물건의 경우 점유자인 유치권자를 단기간에 내보낼 수 있었다. 그렇다면 바닥에 원목이 깔려있고 빌트인 가구들로 내부가 깔끔하게 장식된 신축빌라를 철거판결이 확정되었다는 이유로 그냥 비워둘 필요가 있을까? A씨는 낙찰받은 뒤 곧바로 공인중개사를 찾아가 세입자 알선을 부탁했지만 모두들 고개를 설레설레 저었다. 오랜 기간 분쟁이 있었던 이 물건을 소개해주었다가 세입자에게 원성을 듣고 법적인 책임까지 부담하게 될까 걱정해서였다.

　A씨는 생각을 바꿔 온라인 직거래장터에 이 매물을 월세로 올렸다. 물론 근사하게 수리된 내부구조 사진, 보증금과 월세를 시세보다 한참 낮춰주겠다는 매혹적인 코멘트와 함께 말이다. 일주일 만에 모두 계약이 이루어졌다. 조건은 보증금 500만원에 월세 45만원으로 1,500만원을 보증금으로 회수해 실투자금은 3,500만원으로 줄었다. 토지소유권자에게 넘기기 전까지 꼬박꼬박 월세를 받았으니 이 또한 계산해보면 수익률이 나올 것이다.

　무엇보다 어디 가서 약 59㎡(18평)짜리 신축빌라를 단돈 1,500만원에 매입할 수 있겠는가? 여기저기 둘러봐도 경매시장이 유일하다. 다만, 특수물건 경매에는 늘 위험이 따름을 경계해야 한다.

　꾸준한 공부로 각각의 특수물건을 다루는 툴을 익힌다면 이 꿈같은 일이 당신에게도 현실이 될 수 있다. 그러니 오늘도 지치지 말고 경매공부에 매진할 일이다.

　경매물건을 검색하다보면 지상건물이 깔고 앉은 토지는 입찰에서 제외한 채 '건물만 입찰'하는 물건이 있다. 반대로 지상건물은 매각에서 제외한 채 오로지 토지만 감정평가해 '토지만 입찰'하는 물건도 있다.

　언뜻 보면 토지소유자와 건물소유자 사이에 대립각이 서있어 한

쪽이 승자가 되면 한쪽이 패자가 되는 구조처럼 보인다. 그러나 각자 수익을 내는 방법을 갖고 있기 때문에 보통은 양자 모두 승자가 되는 방향으로 결말이 난다.

각각의 경우 수익내는 방법을 알아보자. 먼저 토지만 입찰하는 경우 지상 건물에 토지를 사용할 수 있는 권리인 법정지상권이 성립되지 않는다면 토지소유자는 건물소유자를 상대로 건물철거를 요구할 수 있다. 이때 건물소유자는 멀쩡한 건물이 철거되면 손해가 크므로, 토지소유자가 비싼 값에 토지를 매수하라거나 헐값에 건물을 매도하라며 부당한 요구를 해도 거절하기가 쉽지 않다. 건물이 철거되면 한 푼도 건질 수 없기 때문이다.

게다가 토지소유자는 건물이 철거될 때까지 땅 사용료, 즉 지료를 청구할 수도 있다. 지료는 보통 토지 입지나 최효율 이용 정도에 따라 연간 시세의 3~6%를 청구할 수 있다. 여기서 중요한 포인트는 지료가 낙찰가가 아닌 시세를 기준으로 산정된다는 것이다.

만약 지상에 번듯한 건물이 있다는 이유로 여러 번 유찰돼 시세의 50% 수준에 토지를 낙찰받았다면, 시세를 기준으로 3~6%의 지료를 청구할 수 있어서 투자금 대비 6~12%의 수익률을 올릴 수 있다. 실질이자가 거의 1~2%대에 머물고 있는 현실에서 지료만으로 월등한 수익을 거둘 수 있는 것이다. 물론 건물소유자가 자료를 주지 않고 버티면 소송까지 가야 할 수도 있긴 하지만 말이다.

나아가 지상에 존재하는 건물이 집합건물이라면 토지소유자에게 구분소유권 매도청구권이라는 권리가 주어진다. 이 권리에 따르면 건물소유자에게 건물을 시세대로 매도하라고 일방적으로 요구할 수 있고, 건물소유자는 이를 거절할 권리가 없다. 번듯한 건물의 무분별한 철거를 막기 위해, 어차피 철거될 건물이라면 토지소유자가 시세대로 매입할 수 있는 권리를 법적으로 보장한 것이다.

이렇듯 토지소유자에게 막강한 권리가 부여돼 있다보니, 얼른 보면 둘 간의 싸움에서 토지낙찰자가 승자로 정해진 것처럼 보인다. 그러나 지상건물에 법정지상권이 성립돼 있다면 상황은 달라진다. 법정지상권이 있다는 것은 건물소유자에게 땅을 정당하게 사용할 수 있는 권리가 있다는 의미다. 따라서 토지소유자는 최장 30년 동안 건물철거청구권을 행사할 수 없다. 건물소유자와의 협상에서 강력한 무기 하나를 잃게 되는 것이다.

또한 지상건물이 빌라나 아파트 같은 집합건물이 아니라면 구분소유권 매도청구권도 행사할 수 없다. 게다가 지료는 건물소유자가 줘야 받는 것이지 제때 주지 않으면 속수무책이다. 지료 몇십만원 받으려고 몇백만원 주고 변호사를 선임해 1년 이상 소송할 사람이 있을까? 결국 토지낙찰자와 건물낙찰자 중 누가 승자인가는 선험적으로 결정되는 것이 아니라, 대부분 당사자의 경험과 기량에 따라 판가름 난다.

여기 토지낙찰자와 건물낙찰자가 한판 승부를 벌인 사례가 있어 소개해본다. J씨가 포항에 있는 나홀로 아파트 8가구를 낙찰받았다. 건물만 입찰하는 물건이었고 얼핏 보면 법정지상권이 성립되지 않아 철거될 건물이었다. J씨에 따르면 특별한 해법이 있었다기보다는 최저가가 감정가의 20% 정도에 불과하니 어떻게든 되겠지 하는 심정으로 입찰했다고 한다. 실제 건물을 이렇게 싸게 낙찰받으면 토지를 다소 비싸게 사도 수익이 남기 때문에 큰 위험부담은 없다고 볼 수 있다.

그러나 이 물건 자료를 꼼꼼히 검토해보니 토지소유자와 협상이 쉽지 않으리라는 직감이 들었다. 이 사건 아파트 대지권의 목적인 토지도 경매에 나왔는데, 이미 누군가가 감정가를 훨씬 넘어선 금액에 낙찰을 받아둔 상태였다.

법정지상권이 성립되지 않는 건물인지라 철거를 빌미로 건물을 저렴하게 취득하든지, 아니면 가격을 떨어뜨릴 대로 떨어뜨린 뒤 자신이 헐값에 낙찰받으려 한 의도가 엿보였다. 그러나 토지낙찰자 입장에서도 토지를 너무 높은 금액에 낙찰받은 것이 발목을 잡았다. 토지소유자는 당연히 낙찰가보다 높게 토지를 팔아야만 수익이 나는데, 그렇게 되면 건물소유자로서는 시세보다 월등히 높게 싸는 꼴이어서 도대체 협상 자체가 되지 않으니 말이다.

아니나 다를까 협상은 좀처럼 앞으로 나아가지 못했다. 협상이 어려워지자 정해진 수순대로 토지소유자는 건물철거소송을 걸어왔다. 행운의 여신이 우리편을 들어주었는지 우리가 승소하여 이제 협상 우위는 우리쪽이 쥐게 되었다. 그러나 협상은 여전히 난항이었다. 토지소유자가 토지를 너무 높게 낙찰받았다는 이유 때문이었다. 결국 이러지도 저러지도 못하는 상황이 계속되다가 J씨가 토지낙찰가 정도에 토지를 매입하는 거로 마무리됐다.

결과가 어떠한가? 둘 다 패배자일 뿐이다. 토지낙찰자는 그간의 기회비용과 노력의 대가를 전혀 보상받지 못했고, 건물낙찰자는 토지를 시세보다 훨씬 비싸게 샀으니 역시 손해를 보았다. 특수물건에 대한 해법이 보편화되다보니 이런 웃지 못할 해프닝이 간간이 발생하곤 한다.

토지만 나온 물건에 응찰할 때는 건물을 헐값에 낙찰받으려는 계획이 수포로 돌아갔을 경우 법적인 수단을 통해 건물을 가져오는 등 리스크를 최소화하는 방법 정도는 강구해둬야 한다.

앞으로 2년, 부동산 전망과 경매투자전략

실전투자자를 위한
특별한 선물

향후 부동산시장 전망

　연말이면 부동산 전문가들이 너도나도 신년 부동산에 대한 전망을 내놓는다. 인터넷상에 정보가 넘치다보니 요즘에는 다양한 통계 수치와 그래프를 인용해 전망하는 글들이 많이 보인다. 그래프에 따르면 이렇다, 통계에 따르면 저렇다…. 관련 정보가 많고 분석 툴이 다양해질수록 좀 더 정확한 예측이 가능해지는 건 분명하다. 그러나 부동산시장이 통계와 그래프대로만 흘러가지는 않으니 투자자 입장에서는 늘 고민이다.

　올해는 전국적으로 사상 최대 규모의 아파트 준공과 입주가 예정되어 있고, 지난해 말에 있었던 기준금리 인상을 시발점으로 점진적인 금리 상승 또한 확실해 보인다. 세제강화와 대출규제가 본격적으로 시행되면서 부동산시장의 전망은 더욱 어두워지고 있다. 게다가 정부가 주거복지 로드맵에서 밝힌 공급대책이 순차적으로 시행될 것이고, 보유세 인상 등 정부차원의 수요억제책 또한 대기 중이므로 긍정적인 전망을 내놓기가 쉽지 않다.

그러나 필자는 앞으로 2~3년 내 중·단기적으로 서울권과 수도권 중심부시장은 안정적인 상승흐름을 보일 것으로 전망한다. 반면에 공급과잉이 현실화되어 하강기로 접어든 지방권시장은 앞으로 몇년 간 고전을 면치 못할 것으로 예상한다.

현재는 하락장이 아니라 관망하며 횡보하는 장세

올해 서울권시장의 전망을 밝게 보는 이유는 다양하다. 이해하기 쉽게 잔가지는 쳐내고 굵은 줄기만 거론해보면, 누적된 서울의 공급부족과 실물경기의 회복세를 근거로 들 수 있다. 피부로 느껴보지 않은 사람들에게 서울권시장의 공급부족이 지닌 파괴력을 이해시키기란 쉽지 않다. 그만큼 실제 현장 분위기와 우리가 머릿속으로 상상하는 분위기 간에는 괴리가 크다.

집값 상승의 발원지인 강남 4구를 중심으로 살펴보면, 그동안 입주물량 부족과 재건축 활성화로 인한 멸실물량의 증대로 공급량이 절대적으로 부족함을 부동산 몇 군데만 돌아다녀봐도 바로 실감할 수 있다.

요즘 신문지상에서는 거래절벽이라고 할 만큼 전월 대비 혹은 전년 동월 대비 거래량이 대폭 감소했다며 연일 보도 중이다. 그러나 이는 부동산 침체기에 전형적으로 보이는 주택수요의 급감으로 인한 거래량 감소가 아니다. 정부정책을 관망하며 향후 투자방향을 설정하기 위한 준비단계에서 잠시 숨을 고르는 정도에 불과하다.

매도자들은 매물을 움켜쥐고 호가만 높이고, 매수자들은 사고 싶어도 호가가 너무 높아 주저하느라 거래가 이어지지 않는 상황이 반복되고 있다.

실제 기사내용을 보면 '8.2대책 등 짧은 기간에 연이어 발표된 초강경 대책의 성공으로 거래량이 급감하고 주택시장이 안정세를 띠고 있다'는 논조의 기사가 있는가 하면, '강력한 8.2대책에도 불구하고 호가가 지속적으로 상승하고 있어 정부 규제책의 실효성에 의문을 표하는' 논조의 기사도 있다. 전문가적 관점에서 보면 전자는 현재의 현상만을 본 것이고, 후자가 좀 더 실체에 근접한 기사라고 할 수 있다.

현재 장세는 정부의 강력한 규제책으로 투자수요가 한풀 꺾이며 하락장으로 진입하는 시기가 아니다. 부동산 사이클상 상승기 중반 즈음에 시기상조라고 할 만큼 정부가 서둘러 집행한 강력한 규제책으로 인해, 매도자와 매수자가 잠시 현상을 관망하느라 완만히 횡보하는 장세로 보는 것이 정확하다.

이러한 결론은 수도권 부동산시장, 그중에서도 서울권의 부동산 장세를 분석하여 내린 것이다. 수도권과 지방권시장은 각각의 특성에 따라 분화되어 있으므로 분석의 틀이 다르다. 또한 수도권과 서울에서도 집값의 탈동조화 현상이 심화되고 있다. 따라서 이러한 결론을 전국적인 흐름으로 확대 해석하거나 수도권 전반에 대한 분석으로 오해해서는 안 될 것이다.

서울 및 수도권의 전망은 긍정적이다

　올해와 내년 서울권시장과 서울권 동조현상을 보이는 수도권 핵심지역의 부동산시장 흐름의 전망은 긍정적이다. 다양한 자료 및 통계를 검토한 결과, 일단 서울권의 공급부족이 해소되려면 최소 2년 이상은 걸릴 것으로 예상된다. 재건축 초과이익환수제, 공공택지개발억제, 신규공급보다는 기존 환경개선에 중점을 두는 서울시와 정부의 정책동질성 등으로 인해 단기간 내에 공급부족이 해소되기는 어려울 것이다. 그러므로 향후 서울권의 집값 상승흐름은 중·단기적으로 계속 이어질 것이다.

　이는 철저히 현장의 흐름을 분석하고 현장 중심으로 판단해 내린 결론이다. 또한 현재 실전투자 중인 필자의 수강생들이 보내온 다양한 현장보고서들과 현장에서 직접 수집하며 차곡차곡 누적한 결과물들을 근거로 했다.

　투자자인 우리는 지금 강남권 혹은 서울 중심권시장의 현장에 자신이 생각하는 금액 정도로만 가격이 떨어지면 집을 매입할 의사가 있는 실수요자 및 투자자, 즉 대기수요가 생각보다 많음을 인지해야 한다.

　강남권의 대기수요가 아직 꺼지지 않았고 이를 꺾을 만한 대단위 공급계획이나 구체적 대안도 없다. 이런 상태에서 양도세 중과와 종부세 인상 등의 수요억제 정책만으로 이 거대한 흐름을 꺾기는 어려울 것으로 보인다.

만약 정부가 그간 규제 없이 그냥 두었더라면, 서울권의 부동산 시장은 입주물량이 적정 수준으로 늘어나는 2019년쯤에는 자연스럽게 하락곡선을 그리며 안정화 국면에 접어들 것이다. 그런데 정부의 무리한 선제적 수요억제책과 이에 근거한 건설투자의 공급위축으로 향후 2년 뒤에도 공급부족을 걱정하게 되었다.

현재 적정 수요자들이 적정량을 거래하며 수요층에서 이탈해야 향후 몇년 안에 수급의 균형이 이루어진다. 그런데 수요억제책으로 상당수의 수요층이 관망세로 돌아서다보니 과거 침체기처럼 대기수요층이 계속 누적되고 있다. 건설업계 또한 수요위축에 따른 리스크를 피하려고 부지매입 혹은 분양 물량을 줄여나가는 모양새다. 그러다보니 오히려 정상적인 부동산 사이클상의 상승기가 연장되는 현상이 엿보이는 것이 현재의 부동산 흐름이다.

일각에서는 올해부터 내년까지 이어질 사상 유례 없는 대규모 입주물량을 걱정한다. 그러나 강남권과 동조화를 보이지 않는 평택이나 화성, 시흥, 용인 등 수도권 외곽지역의 입주물량이 향후 2년간 대폭 늘어나더라도 서울 중심권의 공급물량에 변동이 없는 이상 서울권 아파트들은 상승세를 유지할 것이다. 결국 강남권의 상승과 서울 주변권의 갭 메우기적 상승, 그에 따른 인근 외곽지역 상승의 순환고리가 단기간 내에 끊어지기는 어려울 것으로 보인다.

전세가율의 흐름을 예의 주시하라

　서울의 공급부족은 1, 2년 내 단기로 해소될 정도가 아니라는 전제하에 앞으로 전세가율의 흐름을 잘 지켜보기 바란다.
　수요와 공급의 균형여부를 판단하는 기준은 인허가 물량도, 착공 물량도, 분양 물량도 입주 물량도 아니다. 이런 수치들이 공급 물량의 과잉여부를 판단할 수 있는 기초가 될 수는 있다. 수급의 균형여부에 대한 판단은 가장 현실적인 지표인 전세가율의 흐름을 제대로 관찰하고 그 변동의 의미를 잘 분석한 뒤 내리기 바란다.
　어려운 이론적 설명은 차치하고, 지금 서울의 평균 전세가율은 70%대 초반에서 하향안정 추세로 가고 있다. 이는 공급부족으로 인한 전세가의 상승과 그간의 매매가 상승이 동시에 나타나 이루어진 교착상태로 보인다. 앞으로 시행될 주거복지로드맵에 따르면 주변지역 공급확대를 통해 서울 전세 수요가 흡수될 것이고, 서울권시장 매매가가 완만하게 우상향하며 전세가율은 점차 하향곡선을 그릴 것이다. 그리고 전세가율이 50~60%대의 안정적인 흐름을 보일 시기가 반드시 도래할 것이다.
　이때를 즈음하여 서울권 부동산시장의 흐름은 상승에서 하강으로 바뀔 것으로 보인다. 물론 이 비율은 서울 지역의 평균을 말하는 것이므로 향후 서울 전역의 전세가율이 60%대까지 하향한다는 의미는 아니다. 전통적으로 매매가가 강세인 강남권은 이보다 낮은 45~55% 수준을 적정 전세가율로 보면 되고, 강서구나 성북구 등 전통적으로 전세가 비율이 높은 지역은 65% 내외가 안정적인 수준일 것이다.

다만, 이미 오래전부터 전세가 비율이 평균을 훨씬 웃돌아 지금은 갭투자의 성지가 되어버린 강서구 염창동과 가양동 등의 경우는 인근 마곡지구의 후광에 힘입어 최근 매매가가 급상승했다. 따라서 앞으로 이 지역의 전세가는 전체 평균선에서 형성될 것으로 보인다.

실패 없는 투자를 하기 위해

결론적으로 지금 서울권에 투자하려 한다면 복잡한 이론이 주를 이루는 전망보다는, 수급불균형의 가장 정확한 바로미터인 전세가율 곡선의 흐름을 예의 주시하길 바란다. 전세가율의 흐름이 높은 상태에 계속 머물러 있다면 조금 값이 비싸더라도 '지역 랜드마크, 85m^2 이하, 역세권에 학군 좋은 아파트' 등 차별성 있는 아파트를 선별하여 투자하자. 지금처럼 혼돈이 가중되는 시기에도 결코 실패 없는 투자가 될 것이다.

계속되는 시세상승과 공급증대로 전세가가 하락해 전세가율이 앞서 말한 적정 전세가율에 이를 정도가 되면, 현재의 수요억제 정책의 효과가 위력을 드러내 경기도의 급랭 정도가 가파를 것으로 예상된다. 2~3년 내 단기투자를 목적으로 한다면 특히 매도시점을 신중히 고려하기 바란다.

당분간 서울의 집값 전망이 양호하다고 해도 현재 서울권은 초기 투자비용이 커서 부동산투자 초보나 자금이 넉넉하지 못한 투자자에게는 그리 권하고 싶은 투자처가 아니다.

필자가 얼마 전 투자했던 파주 운정신도시나 김포 한강신도시처럼 수도권 유망지역에 투자하는 것도 한 방법이다. 지난해 하반기 때만 해도 운정신도시의 경우 미래가치가 견고함에도 전세가율이 거의 90%에 육박해 초기 투자금이 작게는 2,000만원에서 많아도 5,000만원을 넘지 않았다.

필자나 필자의 지인들은 당시 경락잔금 대출을 활용하여 낙찰가의 85%를 대출받았다. 그리고 월세를 좀 낮추는 대신 보증금을 높이는 방법으로 임차인을 들여 보증금으로 투자금 이상을 회수하는 무피투자를 하기도 했다.

그로부터 얼마 후 GTX가 파주 운정신도시까지 연장된다는 확정발표가 났다. 그에 따라 투자 후 몇 개월 만에 최소 2,000만~3,000만원씩 매매가가 상승했다. 사람들이 선호하는 연 수익률 개념으로 따지면 산술적

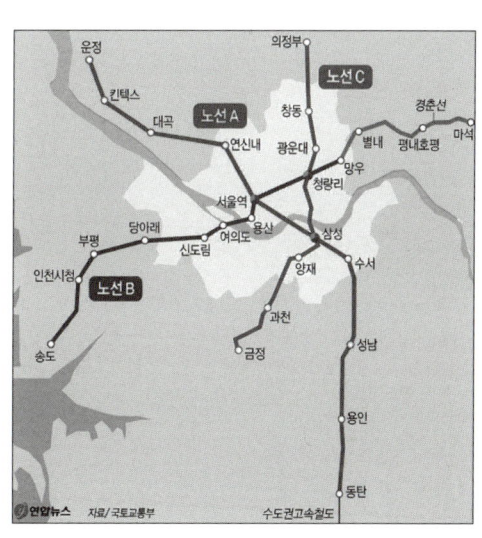

■ 수도권 GTX 노선

인 평균만으로도 벌써 수익률 몇백 %를 넘어선 것이다.

자본여력이 부족하다면 이처럼 집중적으로 공부해 유망투자처를 선별해낸 후 최대한 싸게 매입하거나 갭을 최소화하는 방향으로 진행하자. 그리고 합법적으로 싸게 살 수 있는 수단인 경매나 공매의 매력을 십분 활용하여 꼭 실패 없이 성공적으로 투자하기 바란다.

단기 유망 투자지역

서울권 및 수도권 중심부시장의 차별화와 지방시장의 장기 하락

공급부족이 누적된 상태에서 대기수요가 충만한 서울권시장과 서울 접근성이 좋고 직주근접 호재가 만발한 수도권 중심부시장은 수도권 기타지역 및 지방시장의 하락세와 무관하게 향후 2~3년간 나홀로 상승세를 유지할 것이다.

서울권시장은 강남권 및 강남권 동조권역을 중심으로 상승세를 유지하면서 갭 메우기 효과로 일부 소외지역도 더불어 상승하는 흐름을 유지할 것이다. 수도권 유망지역도 안정적인 상승세를 계속 이어갈 것으로 보인다. 그러나 공급이 지나치게 많은 수도권 일부 지역과 지방권시장은 장기 하락기에 접어든 모양새이므로 투자에 신중할 필요가 있다.

서울 강남권 및 강남권 동조화 지역의 급부상

강남 4구와 하남미사강변도시, 위례신도시까지를 일컫는 신강남권 시장은 당분간 독보적인 상승세를 이어나갈 것으로 보인다. 올해(2018년) 강남권 시장에 약 1만 5,000세대의 물량이 공급된다. 그러나 송파구(헬리오시티) 등 일부 지역에 국한될 뿐만 아니라, 재건축이라 일반분양 물량이 그리 많지 않아 실질적인 공급증대 효과는 미미해 보인다.

오히려 재건축초과이익환수제를 피하기 위해 작년 말까지 급속도로 진행된 재건축 사업장에서 올해부터 내년까지 대규모로 철거 및 이주가 있을 예정이어서 준공물량 대비 멸실물량이 대폭 늘어날 것이다. 그 여파로 강남구 인근 지역의 전세가는 계속 상승할 전망이다. 결론적으로 올해부터 내년까지 강남구 인근의 광진구나 성동구, 동작구 등에서는 전세가 상승이 계속되고, 이로 인해 매매가 또한 안정적인 상승세를 유지할 것으로 보인다.

약 5,000여 세대에 이르러 개포동 재건축의 대장주라 할 수 있는 개포 주공 1단지의 이주 시기는 원래 올해 3월경이었다. 그런데 이주수요가 한꺼번에 몰려 전세난이 촉발될 것을 우려한 서울시가 이주 시기를 4월로 조정했다. 이 사실 하나만으로도 올해부터 내후년까지 얼마나 많은 이주수요가 발생할지, 이것이 인근 주택의 전세시장에 어떤 영향을 미칠지 예측할 수 있어야 한다.

여기서 한 발 더 나아가보자. 전통적으로 재건축 수익성 높은 저층, 중층 단지들은 전세가가 매매가에 비해 턱없이 낮아 그간 임차인들이 상당히 저렴한 비용으로 강남에 거주하며 편익을 누릴 수 있었다. 이 이주수요들은 강남권시장에 전세를 얻을 만한 여력이 없으므로 인근의 하남, 광주, 구리, 남양주 등지의 아파트들로 분산될 것이다. 그중에서 조금 여력이 있는 임차인들은 송파 쪽의 신축 빌라나 성남의 구도심 아파트 쪽으로 움직일 것이라는 추측 또한 할 수 있어야 한다. 그래야 그쪽 라인의 전세가 급등 및 그로 인한 매매가 상승을 바라보는 2차 투자 계획을 세울 수 있다. 그러니 올해 재건축 이주수요가 몰고 올 영향에 대해 관심을 가져보자.

용산과 목동의 부상 및 다크호스 노원

용산역 인근의 역세권 개발은 장기전으로 진행된 소송 여파로 그동안 잠정 중단된 바 있다. 그러나 올해 소유권 분쟁 및 손해배상 책임에 관한 대법원 판결을 기점으로 법적 문제가 정리되면서 사업이 다시 재개될 가능성이 상당히 높아졌다. 토지소유자인 코레일이 민간 사업자를 선정하여 시행하는 방식이 아니라, 불확실한 사업성을 담보하기 위해 서울시와 용산구가 긴밀한 공조 속에 사업계획을 수립하고 시행하는 방향으로 리스크를 통제할 가능성이 크다. 그만큼 개발의 재개여부와 진척속도에 대해 상당히 신뢰해도 될 듯하다.

지난해 말 있었던 동부이촌동의 한강맨션과 한강삼익의 재건축

변경안 의결과 국제빌딩 인근 5구역의 개발계획 등을 살펴보면 올해 용산의 급부상은 기정사실로 보인다. 그 상승속도 또한 무서울 것으로 전망된다.

전형적인 배산임수형의 풍수를 가진 천혜의 명당이자 앞으로 강남 삼성역과 더불어 사통팔달의 교통요지가 될 용산은 향후 개포동과는 비교를 불허할 것이다. 최소한 반포나 대치, 좀 더 나아가면 압구정의 지위를 넘볼 만큼 발전가능성이 높으니 늘 관심을 갖고 주시할 필요가 있다.

그리고 전통적인 명문학군인 목동도 올해 전체 14개 단지 전부가 재건축연한이 도래하는 목동 신시가지아파트를 중심으로, 재건축수요와 학군수요가 한꺼번에 몰려 상승세를 유지할 것이다. 현재 종상향 논의 중인 1~3단지 및 역세권 7단지, 대지지분이 평균을 넘어서는 11, 12단지 등을 중심으로 눈부시게 도약할 것으로 보인다.

올해 초에 있었던 안전진단의 강화로 잠시 숨고르기를 하고 있지만, 중심지로서의 입지와 그동안 차곡차곡 쌓여온 브랜드 가치 그리고 유망학군 및 학원가의 밀집과 인근 마곡지구의 영향 등으로 목동의 상승세는 쉽사리 꺾이지 않을 것이다.

그밖에 투기지역으로 지정되며 잔뜩 움츠렸던 노원구도 눈여겨볼 필요가 있다. 올해 말 혹은 늦어도 내후년 초쯤부터 재건축 이슈가 있는 상계동 주공아파트 단지를 중심으로 투자수요들이 다시 가세할 가능성이 높기 때문이다.

강동과 광진, 강서구의 안정적인 상승세

　강동구와 광진구는 재건축 이주수요의 여파로 안정적인 상승세를 유지할 것으로 예상되며, 강서구도 마곡지구의 계속되는 입주 여파로 역시 상승세를 계속 이어갈 것으로 보인다.
　정보사 부지의 터널 개통이 예정되면서 서초구 내에서도 방배동과 내방역, 이수역 인근 지역이 주목받을 것으로 보인다. 그리고 성동구는 3호선 라인을 따라 금호, 약수역 인근의 아파트들이 계속해서 선전할 것으로 전망된다.

향후 부동산 시장 트렌드 변화

재건축에서 리모델링으로 방향 전환

재건축초과이익환수제의 부활 및 변형된 수직증축 방식으로의 설계변경 등으로, 내년에는 1기 신도시 등을 중심으로 리모델링에 대한 논의가 많아질 것으로 보인다. 서울권 아파트 중에서도 큰 초과이익이 예상되는 중심권 소규모 단지를 중심으로 리모델링으로 전환하는 아파트들이 꽤 늘어날 것이다.

내력벽 철거를 통한 수직증축안에 대해 정부차원에서 긍정적인 기준이 마련되면 리모델링 바람이 생각보다 거세질 가능성이 있다. 앞으로 입지 좋은 리모델링 가능 단지들도 유심히 지켜보자.

GTX 등 광역교통망 호재지역 중심으로 투자 활성화

필자는 앞으로 정부가 중점사업인 광역교통망 확대를 임기 내에 반드시 이루어낼 것이니 그쪽에 관심을 가지라고 누차 강조해왔다.

그중에서도 GTX 역세권 라인의 부동산을 유심히 지켜볼 필요가 있다. 일단 착공이 시작된 GTX A노선 동탄, 용인, 성남 역세권 인근의 아파트들은 계속 눈여겨봐야 한다. 올해 말 착공될 연신내, 대곡, 일산, 운정 인근의 아파트 단지들도 유심히 지켜볼 필요가 있다. 이쪽 지역들은 아파트뿐만 아니라 토지가치도 급등할 것이므로 유력입지의 토지를 매입하거나 경매에 입찰하는 것도 좋은 투자가 될 것이다.

특히나 트리플, 쿼드러플 역세권으로 거듭날 고양시 대곡역 인근은 향후 5년간 상전벽해가 될 지역이니 인근 아파트 혹은 토지에 관심을 많이 가져보기 바란다. 다만, 대곡역세권 개발은 그린벨트로 묶여 있던 대단위 농경지를 전용하여 이루어지고, 토지매입방식도 보상금을 지급하고 강제로 매입하는 수용방식이 될 가능성이 높다. 그러니 역세권 인근 그린벨트 토지투자에는 좀 더 신중을 기하자.

다주택 보유자에 대한 정부의 끊임없는 압박

올해부터 대출규제 및 세제강화가 본격적으로 시행되었다. 다주택자들은 이것을 정부 규제의 전부로 생각하면 절대 안 된다. 정부는 다주택자들이 보유한 매물을 대량으로 내놓도록 앞으로도 끊임없이 압박할 것이다. 따라서 매각도 하지 않고 임대등록도 하지 않은 채 장기간 보유를 선택한 다주택자라면 마음을 굳게 먹고 정부와의 일전을 각오해야 할 것이다.

올해부터 2주택자의 전세보증금에 대한 과세논의, 보유세 인상에 대한 논의, 임대차현황 파악 및 이에 대한 데이터베이스 구축 작업이 활발히 이루어질 것이다. 다주택자들에 대한 직·간접적인 압박이 상당할 것으로 보인다.

2020년까지 순차적으로 임차인 현황에 대한 데이터베이스 구축 작업이 끝나면, 본인이 원하지 않아도 다주택자들의 주택보유 내역과 임대차 현황 등이 전부 공개된다. 사실상 임대차시장을 장악한 정부의 압박에 의연히 견디기는 쉽지 않을 것으로 보인다. 그런 만큼 심성이 심약하거나 즐기면서 장기투자하려는 다주택자라면 불필요한 몸피를 줄이고 똘똘한 한 채를 유지하자. 아니면 기존 부동산은 정리하고 차별화된 아파트를 신규로 매입하는 등 미래가치가 있는 아파트 위주로 포트폴리오를 재설정하는 것이 바람직하다.

올해부터는 현물출자 등을 통한 법인 전환, 양도세가 면제되는 일시적 1가구 2주택 제도 활용, 합법적인 명의신탁인 부부명의 활용, 세대분화에 따른 1가구 1주택 활용 등을 이용하여 과학적이고 합리적으로 투자하자.

올해는 토지투자의 전성시대

올해는 규제 없는 토지시장으로 자금이 몰릴 가능성이 높다. 방향을 잃고 우왕좌왕하는 1,000조에 달하는 시중 유동성 및 새롭게 풀리는 토지보상금 십수조가 토지시장으로 몰릴 전조가 여기저기서 보인다.

도시재생지역 인근 토지, 공공택지지구 인근 토지, 개발 가능한 그린벨트 지역, 토지보상 인근 토지 및 광역교통망이 확대되는 지역이나 소사원시선, 대곡소사선, 김포 공항철도 등 교통호재 지역 인근 토지에 투자수요가 집중될 가능성이 높다.

올해는 토지투자의 전성시대라고 해도 될 만큼 토지시장의 활성화가 예상되니 이참에 토지공부를 충실히 해보는 것도 나쁘지 않겠다.

무주택자 및 1가구 1주택자라면 내집마련을

정부가 현재의 부동산시장을 실수요자 위주로 재편하려는 의지는 무척 확고하다. 이에 따라 무주택 서민들에게 다양한 혜택과 우선권을 부여하고 있는 만큼, 무주택자라면 이 기회에 용기 있게 자신의 보금자리를 마련해보자. 그리고 1가구 1주택자들은 추가로 1주택을 더 매입해도 자신이 현재 거주하고 있는 집을 3년 이내에만 팔면 양도세 면제 혜택을 그대로 유지할 수 있다. 따라서 이를 잘 활용하면 실제 거주하면서 자산 가치를 꾸준히 늘릴 수 있다는 점을 명심하고, 자신의 현재 상황을 십분 활용하여 현명하게 투자하기 바란다.

토지공개념 논의확대 및 규제강화 예고

요즘 토지공개념을 헌법 차원에서 명문화하려는 논의가 한창이다. 정부와 여당에서 발의한 내용대로 헌법개정이 이루어질 가능성은 희박해 보인다. 그러나 과거 폐지된 토지공개념에 입각한 규제 위주의 법령들이 부활할 가능성이 있고, 당장 추진되고 있는 재건축초과이익환수제도, 재건축안전진단 강화 및 연한 확대, 종부세 구조 개편 등은 강행될 것으로 전망된다. 부동산으로 벌어들인 불로소득을 공적인 이익을 위해 규제하여 재분배하겠다는 정부의 의지는 굳건하다. 그런 만큼, 과거 참여정부 시절처럼 규제와 완화를 오가는 일관성 부재의 정책이 또다시 나오지 않을까 하는 안일한 바람은 버리는 것이 좋다.

당장은 아니어도 머지않은 시점에 부동산 그래프가 하강으로 변곡할 것이라는 마음의 준비는 늘 필요하다고 생각된다. 저평가된 특정 유망지역을 제외하고 2년 이상의 장기투자는 자제하고, 언제든 탈출하겠다는 마음으로 시장의 흐름을 잘 지켜보며 투자에 임해야 안전할 것이다.

정책변동기의 경매투자전략

트렌드 변화를 숙지하여 수익률을 높여라

올해부터 내년 말까지 서울을 비롯한 수도권 시장의 주된 트렌드는 탈동조화와 양극화라고 할 수 있다. 지방권과 수도권시장의 흐름은 따로 움직일 것이고, 서울권과 그 외 수도권 지역에서도 탈동조화 경향이 심화될 것이다.

되는 곳은 되고 안 되는 데는 계속 안 될 것이고, 오르는 데만 계속 오르고 이미 내리막길로 접어든 곳은 계속 내려갈 거라는 얘기다. 따라서 지방권시장의 경매 시에는 하락가능성을 염두에 두고 응찰해야 한다. 반면에 서울권 및 수도권의 중심부시장에서는 상승기의 입찰전략을 적극적으로 활용할 필요가 있다.

서울권시장에서는 단기상승의 가능성을 염두에 둔 단타매매도 유망하다. 다만, 다주택자들은 양도세 중과에 유의해야 하고 매매사업자를 냈다면 비교과세 부활에 유념해야 할 것이다.

수도권 지역에서는 공급이 지나치게 몰리는 지역을 제외하고 개발호재가 많은 유망지역을 선별하여 2~3년 중단기투자로 진행하면 알찬 수익이 예상된다. 개발호재 지역의 토지투자도 유망하니 부동산 공법을 비롯한 토지 관련 공부도 해두는 것이 바람직하다.

전반적으로 서울권시장의 입찰 경쟁률은 떨어지겠지만 입찰가율은 큰 폭의 하락 없이 높은 선에서 유지될 것이다. 서울 외 수도권시장은 중심부를 제외하고는 90% 초반대에 낙찰가율이 형성될 듯하니 입찰가 산정 시 참고하기 바란다.

서울권시장에서는 상승기의 입찰전략을 구사하라

경기가 상승세일 때는 첫 기일 입찰이 기본적인 전략이다. 입찰기일 5~6개월 전에 감정평가가 진행되는 구조상 경매감정가가 시세보다 훨씬 낮기 때문이다.

경매 초보들은 경매는 시세보다 훨씬 싸게 사는 수단이라는 생각에 깊이 젖어있는 경우가 많다. 그래서 첫 기일 입찰에 익숙하지 않고, 감정가를 넘겨 쓴다는 부담 탓에 늘 입찰가를 감정가 언저리로 써낸다. 그러다 보니 패찰을 거듭한다.

상승흐름 속에서 낙찰받고 싶다면 시세 기준으로 5% 범위에서 입찰가를 산정해야 경쟁력이 있다. 초보들이 주로 쓰는, 시세보다 10% 싸게 사는 전략으로 접근하면 앞으로도 백전백패일 것이다. 그러니 상승기에는 좀 더 공격적으로 접근하자.

　고가낙찰인 것처럼 보여도 시장흐름이 상승세를 타고 있다면 낙찰부터 명도까지 걸리는 평균 3개월 동안 매매가든 전세가든 몇천만 원은 오른다. 그것을 수익으로 삼는 전략을 펴는 것이 바람직하다. 앞으로 2년 이내에는 서울권시장과 수도권 유망지역에 상승기의 입찰전략으로 접근하면 실패가 적을 것이다.

양도세 중과 등 세제강화에 대비하라

　현재도 그렇지만 앞으로는 정부의 초강경 대책으로 다주택자들이 설 자리가 더욱더 좁아질 것이다. 경매투자에서 수익을 높이는 방법은 싸게 사서 비싸게 파는 전략이 기본이다. 그러나 수익에서 중요한 비중을 차지하는 세금 절약에도 소홀해서는 안 된다.

　올해 4월부터 2주택자에게는 원래 세율의 10%, 3주택자 이상에게는 20%가 가산되므로 3주택자의 경우 최고 68%까지 세금을 내야 한다. 사정이 이러니 탈세는 아니어도 합법적인 절세방법에 대한 연구는 반드시 필요하다.

　부부 공동명의로 낙찰받아 양도차익의 절대금액을 줄이거나 매매사업자 혹은 법인 설립을 통해 절세방안을 강구할 필요가 있다. 아니면 마음 맞는 지인들과 공동투자해 과세표준을 줄이는 방법도 생각해볼 수 있다.

마음고생, 몸고생 해서 가까스로 얻어낸 차익의 대부분을 기꺼이 국가에 헌납하는 애국자가 되고 싶지 않다면 절세에 관한 책 한 권 정도는 통독이 필요한 요즘이다.

강화된 대출규제에 대비하라

경매인의 대다수는 실수요자가 아니라 투자자다. 그러다보니 보유한 종잣돈에 한계가 있다. 종잣돈을 쌓아놓고 입맛대로 투자할 여력이 없는 우리같이 영세한 투자자들은 경락잔금의 대출의존도가 절대적으로 크다. 그런데 올해부터는 웬만한 유망지역에서 대출받아 물건을 낙찰받기가 쉽지 않아졌다.

하지만 방법이 아주 없는 것은 아니다. 매매사업자든 임대사업자든 내서 개인주택담보대출이 아니라 사업자대출 형식으로 대출받으면 대출규제를 피해갈 수 있다. 사업자대출로 법령상 제한된 담보대출 비율을 넘어서 대출받는 것은 결코 불법이 아니다. 다만, 대출규제를 피하기 위해 신규사업자를 내는 방식에 대한 감독이 강화될 뿐이다.

금융 감독 당국도 이러한 편법을 알기 때문에 정책 시행 초에는 금융기관에 철저히 계도하겠지만, 필자의 경험상 계도 효과가 오래가지는 않는 것 같다. 여신을 내보내야 살 수 있는 중소규모의 은행권부터 조금씩 대출기준을 완화해나갈 것이니 급할 때는 여기저기 발품을 팔아보자.

또 한 가지 방법은 현재 유행하고 있는 P2P 대출을 활용하는 것이다. P2P 대출은 금융규제 영역 밖에 존재하는 비제도권 대출이어서 현재의 강화된 대출규제에서 자유롭다. P2P 대출의 구조상 그동안에는 위험도가 높은 PF 대출이나 후순위 대출이 여신의 주 종목이다 보니 대출이자가 높았다. 그러나 대출규제로 담보대출비율이 대폭 축소된 지금은 후순위로 대출해줘도 리스크가 크지 않으므로 앞으로 P2P 대출 평균금리가 낮아질 것으로 예상된다.

그래도 시중금리에 비하면 다소 높겠지만, 일단 중금리로 대출받아 잔금을 납부한 뒤 곧바로 전세를 놓아 대출금을 상환하면 부담을 줄일 수 있다. 낙찰가의 80%까지도 대출이 가능할 듯하니 종잣돈이 부족한 경매인들에게는 유용한 수단이 되어줄 것이다.

또 하나는 현재의 높은 전세가율과 매물부족을 활용하는 방법이다. 소유자가 점유하는 아파트를 낙찰받았다면 이사비를 후하게 주는 조건으로 잔금납부 전에 명도하고, 곧바로 전세세입자를 들여 그 보증금으로 잔금을 납부하는 것이다. 명도는 받았다지만 아직 잔금을 납부하지 않은 낙찰자와 전세계약을 체결할 임차인은 없을 거라고 미리 포기하지 말자. 공인중개사를 내 편으로 만들어 적극적으로 추진해보면 쉽지는 않지만 가끔 성사되기도 한다. 대출규제가 강화되었다고 해도 현재 시장이 경매인들에게 그렇게 절망스럽지만은 않다. 아직까지 전세가율이 80~90%에 육박하는 지역들이 많기 때문이다.

어떻게든 잔금만 납부할 수 있으면 전세보증금으로 투자금을 상당부분 회수할 수 있으니 전세 레버리지를 잘 활용하여 효율적으로 투자하기 바란다. 종잣돈이 부족하다면 마음 맞는 사람들과 공동투자하는 것도 괜찮다. 중과세 대상이 되는 양도차익도 줄일 수 있고 대출규제도 피해갈 수 있으니 여러모로 이익이다.

공시가격 6억원 이하, 85㎡ 이하 매물에 집중하라

경기전망이 불확실한 요즘 같은 때는 무리하게 예측하기보다는 안전하게 투자하는 것이 바람직하다. 아파트의 경우 현재 강남권을 중심으로 중대형의 약진이 두드러지고 있지만 1년 내외의 단기투자가 아니라면 안전한 금액, 안전한 크기의 매물에 집중하자.

보유세 인상 등의 악재가 예상되므로 여차하면 임대사업자 등록을 통해 적절히 대처할 수 있도록 수도권 지역 매물은 공시가격 6억원 이하, 85㎡ 이하를 주 대상으로 하는 것이 바람직하다. 지방권 매물은 같은 이유로 3억원 이하의 매물에 관심을 두는 것이 좋다.

현재 부동산 시장은 누적된 공급부족과 충만한 대기수요로 인해 중첩된 규제 속에서도 아슬아슬하게 상승세를 이어가고 있다. 그러나 일정한 시차를 두고 정책의 효과가 발휘될 시점이 반드시 도래할 것이고, 그러면 실물경기 악화 등 외생변수의 가벼운 쇼크에도 예민해진 현재 부동산 시장은 작지 않은 충격을 받을 것으로 보인다. 그러니 가격탄력성이 작은 중소형 위주로 투자해야 전략적으로 안전하다.

우리는 단지 부자가 아니라
행복한 부자를 꿈꾸는 사람들이다

　시중에 경매 책이 넘쳐나고 경매학원들도 참 많다. 요즘 세태를 보니 경매 책이 현란한 무용담 위주로 구성되어 있으면 경매인들이 더욱 열광하는 것 같다.

　그러나 단지 부자가 아니라 행복한 부자가 되고 싶다면, 앞으로는 드라마틱한 무용담보다는 어떻게 원금손실 가능성을 최소화하면서 수익을 낼 수 있는지에 주목하자. 최소한의 안전장치도 없이 무분별하게 입찰하여 잘되면 고수익이고, 안 되면 비참하게 망가지는 게임은 행복한 부자를 꿈꾸는 우리에게는 적합하지 않기 때문이다.

　조금 더디게 가더라도, 조금 수익이 작더라도 100전 100승 필승의 자세가 필요하다. 앞서 누차 강조한 것처럼 리스크 통제 없는 고수익은 한순간의 우연일 뿐이다. 이는 사행성 높은 도박일 뿐이지 절대 지지 않는 필승의 게임이 아니다.

　필자도 예전에는 해당 물건의 수익률이 얼마나 높았는지, 얼마나 빨리 해결했는지 등에 초점을 맞춰 강의를 진행한 적이 있다. 수강생들은 몇백, 몇천 %에 달하는 특수물건의 수익률에 경이로워했고 드라마 같은 무용담에 한 번 더 열광했다. 그러나 그러다보니 수강생들의 기대는 터무니없이 높아진 반면, 그와 비례하여 투자자로서의 마인드는 형편없이 약해졌다. 웬만해서는 만족하지 못할뿐더러 쉽게 좌절했다.

앞서 살펴본 것처럼 경매의 전설에나 나올 법한 수익이 예상되지 않는 특수물건에는 입찰을 꺼렸고, 미래가치가 아무리 높아도 일반물건을 추천해주면 시큰둥한 반응이 돌아왔다.

다른 경매인들은 언감생심 낙찰 한번 받아보는 것이 소원인데도 필자의 수강생들은 일반물건을 몇 개씩 낙찰받아도 크게 기뻐하지 않았다. 기대치가 너무 높다보니 행복한 투자, 즐기는 투자를 하지 못했던 것이다.

그래서 필자는 방향을 바꿨다. 요즘은 현란한 수익모델을 강조하기보다는 리스크 통제부터 가르치면서 단계별로 차근차근 수익을 낼 수 있도록 도와준다. 수익이 작은 물건이라도 낙찰받으면 기뻐하는 마음이 오래가도록 마음껏 축하해준다. 그래서일까, 요즘 수강생들의 얼굴이 다시 행복해 보인다.

　단지 부자가 아니라 기필코 행복한 부자가 되고 싶다면, 솟구치는 욕심은 잠시 내려놓고 차근차근 단계를 밟아가기 바란다. 천천히 가더라도 꾸준히만 가면 행복한 부자가 되는 데 그리 오랜 시간이 걸리지는 않을 것이다.

　일반물건 → 조금 난이도 있는 특수물건 → 어려운 특수물건. 이렇게 단계별로 경험을 쌓아가면서 각 단계에 걸맞은 지식을 쌓고, 용기를 키우고, 인내를 배양하자. 그렇게 즐기면서 가다보면 어느 순간 당신도 경매시장의 주인공이 될 수 있고 나아가 인생의 주역이 될 수 있을 것이다.

　우리 모두가 행복한 부자가 되는 그 순간까지 필자는 이 자리에서 든든하게 버티며 당신의 건승을 응원할 것이다.

　"살아있는 것들은 다 행복하라!"

　법정스님의 말씀을 끝으로 긴 강의를 마친다.

길벗의 상식사전 베스트셀러 3종!

경제 상식사전

경제 뉴스가 말랑말랑해지는 핵심 키워드 153!

▶ 경제 기초체력부터 재테크에 도움 되는 금융상식,
한국경제 핫이슈, 세계경제 흐름 읽는 눈까지 한 권에 쏙!

▶ 20년차 경제기자가 찍어주는 알토란 경제지식!

김민구 지음 | 464쪽 | 13,800원

월급쟁이 재테크 상식사전

꼼꼼하게 모으고 안전하게 불리는 비법 135

▶ 30만 독자가 인정한 월급 재테크 1등 책!
불안한 내 월급에 날개를 달아줄 쉬운 현실밀착형 재테크&경제 정보

▶ 종잣돈 만들기 노하우부터 예적금, 펀드, 내집마련, 보험, 주식, 연금, 연말
정산까지 재테크 상품의 득과 실 총정리!

우용표 지음 | 496쪽 | 15,500원

부동산 상식사전

**전월세, 내집, 상가, 토지, 경매까지
처음 만나는 부동산의 정석**

▶ 몰라서 손해 보는 서러운 세입자는 더 이상 NO!
세입자를 위한 특급 노하우 전수!

▶ 큰돈 들어가는 부동산 거래, 내 돈을 지켜주는 필수 상식 156!
집, 상가, 경매, 땅! 부동산 풀코스 완전정복!

백영록 지음 | 544쪽 | 16,500원

부자를 만들어주는 재테크 시리즈

기초부터 탄탄히 다져가는 주식투자의 정석

60만 왕초보가 감동했다! 완벽한 투자입문서

한 권으로 끝내는 주식 기술적 분석의 모든 것

미래의 주가를 예측하는 외국인, 기관의 경제지표 해독법 대공개!

윤재수 저 | 16,500원

윤재수 저 | 25,000원

윤재수 저 | 22,000원

집주인, 건물주를 꿈꾸는 당신을 위한 특급 비밀

서른아홉 살, 경매를 만나고 3년 만에 21채 집주인이 되었다

시장과 정책에 흔들리지 않는 부동산 투자의 정석

내가 살고 싶고, 사고 싶은 집이 돈이 된다!

이현정 저 | 16,800원

월전싑 저 | 16,500원

장은자 저 | 강철규 감수 | 16,500원

재미있는 일상을 선물하는 지식&노하우 시리즈

음식도 교양이다, 알고 즐기면 더 맛있다!

트리스탄 스티븐슨 저 | 15,000원

로잘리 드 라 포레 저 | 22,000원

리사 리처드슨 저 | 15,000원

멜리사 콜 저 | 17,500원

이기태 저 | 16,500원

전문가의 노하우를 그대로 실었다!

작지만 '내 가게'를 꿈꾸는 사람들을 위한 1인 가게 창업기

가족과 틀어지고 세금에 울어버린 사람들의 기막힌 이야기

베란다 텃밭부터 100평 큰 밭까지 완벽 학습

김선녀 저 | 12,800원

구상수, 마상미 저 | 14,500원

심철흠 저 | 24,500원

25만 회원이 함께하는
대한민국 대표 법원경매정보 스피드옥션에서
전국 모든 경매물건의
자세한 정보를 확인하세요!

speedauction.co.kr

- 편리한 경매검색! 종합검색, 관심지역검색, 역세권검색, 지도검색, 맞춤검색, 지역검색, 법원별, 일정별 등
- 정확하고 보기쉬운 물건 상세페이지 (페이지 스타일 선택가능)
- 빠른 경매결과 제공! 법원보다 빠르게 경매결과를 확인!!
- 국내 최정상급 경,공매 전문가들과 함께하는 보다 전문화된 서비스제공
- 경매와 관련한 모든것을 한눈에! (동영상강좌, 상담실, 금융서비스, 경매 절차, 용어, 서식 등)
- 특화된 개인 서비스! (관심물건 서비스, 물건정보 전달, 휴대폰전송, 사건공유, 모의입찰 등)